Pedro Calderón de la Barca

Nadie fíe
su secreto

Barcelona **2024**
Linkgua-ediciones.com

Créditos

Título original: Nadie fíe su secreto.

© 2024, Red ediciones S.L.

e-mail: info@Linkgua-ediciones.com

Diseño de cubierta: Michel Mallard.

ISBN tapa dura: 978-84-1126-199-9.
ISBN rústica: 978-84-9816-450-3.
ISBN ebook: 978-84-9953-353-7.

Sumario

Brevísima presentación

La vida

Pedro Calderón de la Barca (Madrid, 1600-Madrid, 1681). España. Su padre era noble y escribano en el consejo de hacienda del rey. Se educó en el colegio imperial de los jesuitas y más tarde entró en las universidades de Alcalá y Salamanca, aunque no se sabe si llegó a graduarse. Tuvo una juventud turbulenta. Incluso se le acusa de la muerte de algunos de sus enemigos. En 1621 se negó a ser sacerdote, y poco después, en 1623, empezó a escribir y estrenar obras de teatro. Escribió más de ciento veinte, otra docena larga en colaboración y alrededor de setenta autos sacramentales. Sus primeros estrenos fueron en corrales.

Lope de Vega elogió sus obras, pero en 1629 dejaron de ser amigos tras un extraño incidente: un hermano de Calderón fue agredido y, éste al perseguir al atacante, entró en un convento donde vivía como monja la hija de Lope. Nadie sabe qué pasó.

Entre 1635 y 1637, Calderón de la Barca fue nombrado caballero de la Orden de Santiago. Por entonces publicó veinticuatro comedias en dos volúmenes y *La vida es sueño* (1636), su obra más célebre. En la década siguiente vivió en Cataluña y, entre 1640 y 1642, combatió con las tropas castellanas. Sin embargo, su salud se quebrantó y abandonó la vida militar. Entre 1647 y 1649 la muerte de la reina y después la del príncipe heredero provocaron el cierre de los teatros, por lo que Calderón tuvo que limitarse a escribir autos sacramentales.

Calderón murió mientras trabajaba en una comedia dedicada a la reina María Luisa, mujer de Carlos II el Hechizado. Su hermano José, hombre pendenciero, fue uno de sus editores más fieles.

En *Nadie fíe su secreto* Alejandro renuncia a Elvira no para hacerla feliz, sino porque ella está enamorada de su amigo Don Cesar.

Personajes

Alejandro, príncipe de Parma
Don César
Don Arias
Don Félix de Castelví
Lázaro, criado
Doña Ana de Castelví
Nísida, dama
Elvira, criada
Músico
Criados
Acompañamiento

Jornada primera

(Salen Alejandro y don Arias.)

Alejandro   Vila al dejar la carroza
y, haciendo su estribo oriente,
o fueron los soles dos
o el uno alumbró dos veces.
¿Nunca has visto errante al viento
preñada nube encenderse
y, parto de luz, un rayo
hacer giros diferentes,
que amenazando soberbios
la torre más eminente,
la más levantada punta
ambiciosos desvanecen?
Tal es el rayo de Amor;
con llama dulce, aunque ardiente,
por tocar lo más supremo,
deja el cuerpo, el alma enciende.
Yo, que desde el corredor
la miré, confusamente
vi engendrar rayos de fuego
en una esfera de nieve;
y confuso entre dos luces
de dos soles diferentes,
al más superior entonces
le tuve por menos fuerte.
Entró doña Ana en palacio,
que a ver a mi hermana viene,
con más donaires que nunca,
tan hermosa como siempre.
Seguí su luz con la vista,
notando curiosamente

que, si el hombre es breve mundo,
la mujer es cielo breve.
Al fin se puso a mis ojos,
y yo quedé como suele
temeroso caminante
que el camino en el Sol pierde.
Mas no quedé tan ajeno
del suyo que no creyese
—tal fue la imaginación—
que la adoraba presente;
porque pintor el deseo
dio a la memoria pinceles,
al pensamiento colores,
con que desmintió lo ausente.
No sé si es amor, don Arias,
este fuego que me ofende;
que tiene mucho de amor
el que tanto lo parece.

Arias   ¿Nunca la habíais visto?

Alejandro   Sí.

Arias   Pues, ¿de qué, señor, procede
esa novedad?

Alejandro   Preguntas
bien, aunque ignorantemente.
¿Tú no sabes que en el mundo
un átomo no se mueve
sin particular precepto,
que rigen causas celestes?
Lo que ayer se aborrecía
hoy con extremo se quiere;

y hoy una cosa se adora
que mañana se aborrece.
Todo vive en la mudanza;
y así, don Arias, sucede
lo que se trata, conforme
la disposición que tiene.
Otras veces la había visto;
pero que hoy estuve, advierte,
menos ciego o ella estaba
más hermosa que otras veces.
Yo he de servirla, y de ti
he de fiar solamente
este amor y este secreto.

Arias   Dos novedades me ofreces
a un tiempo; la una es
el verte hablar tiernamente
en cosas de amor.

Alejandro   No son
iguales los hombres siempre,
ni es de un príncipe defecto
amar tan honestamente;
que quien una vez no amó
nombre de incapaz merece.
Ni tan necio, dijo un sabio
a un hombre, que no quisiese
alguna vez, ni tan loco
que haya querido dos veces.

Arias   Es la otra que conmigo
trates tu amor; y aunque excede
esta honra a mi esperanza,
lo que me obliga me ofende.
Don César, tu secretario,

11

de quien fías dignamente
el gobierno de tu estado,
y a quien con extremo quieres,
es mi amigo, y es razón,
señor, que en tu gracia deje
desocupado lugar,
pues él solo le merece.
Llámale y dile tu amor,
y hoy a tu gracia le vuelve;
que no es razón que se diga
que yo gano lo que él pierde.
Mi amistad paga con esto
lo que a mi nobleza debe;
pero, aunque ofenda a un amigo,
será fuerza obedecerte.

Alejandro   Don Arias, a César quiero
con los extremos que siempre
lo he querido; y si es tu amigo,
honrarte no es ofenderle.
Juntos nos hemos criado,
fiándonos de una suerte
en las penas los disgustos,
en las glorias los placeres.
Hícele mi secretario,
dile mi pecho, fiéle
el alma misma, por ser
discreto, sabio y prudente.
De unos días a esta parte
no sé qué trata o qué tiene;
que ni a mi servicio acude,
ni despacha mis papeles.
Mil veces en mi presencia,
si le hablo, se divierte,

sin propósito responde
y, hablándome, se suspende.
Y ya que tratamos de esto,
su mayor amigo eres;
de mi parte y de la tuya
procura saber qué tiene.
Dile que de mis estados
disponga, pues solo puede,
como absoluto señor,
dar preceptos, poner leyes;
y dile al fin lo que el alma
verle tan ajeno teme;
porque, sabiendo la causa,
o la sienta o la remedie.

Arias   No en vano te llama el mundo
Alejandro dignamente,
pues a quien el nombre igualas
las alabanzas excedes.

(Sale Lázaro.)

Lázaro (Aparte.)   (A César traigo un papel,
y no le hallo; claras pruebas
de mi desdicha cruel;
que a traerle malas nuevas,
luego encontrara con él.
   Hoy que esperé galardón,
no le he de hallar, cosa clara;
mas cuando las nuevas son
albricias de mala cara,
presagios de un mojicón,
   luego al instante le hallo.
Pues, ¡por Dios que he de buscallo,
aunque entre...!)

13

Alejandro	¿Quién está allí?
Lázaro (Aparte.)	(El príncipe me vio. Aquí escondo el papel y callo.)
Alejandro	¿Quién dices que es?
Arias	Un criado de César que acaso ha entrado hasta aquí y, como te vio, luego, señor, se volvió.
Alejandro	Llámale, porque he pensado que éste me declare aquí de su señor la tristeza.
Arias	Dices bien. ¡Lázaro!
Lázaro	¿A mí?
Arias	A ti te llama su Alteza.
Alejandro	Llegad.
Lázaro	Bien estoy así, aunque, si mi dicha es tal que merezco llegar a besar tus reales pies, no me hartaré de besar cordobanes en un mes. Buscando a César —perdona si te ofendo— hoy he llegado a tus pies.

14

Arias   Su humor le abona.

Alejandro   ¿Sírvesle?

Lázaro   Soy su criado,
                 y tu tercera persona.

Alejandro   ¿Cómo tercera?

Lázaro   ¿Pues, no?
                 César contigo privó,
                 yo con César, por mi trato;
                 luego es nuestro triunvirato
                 César, Alejandro y yo.

Alejandro   Tu humor conozco.

Lázaro (Aparte.)   (Eso ha sido
                 despejar.)

(Quiere irse.)

Alejandro   ¿Por qué te vas?

Lázaro   Porque, si me has conocido,
                 señor, no me comprarás,
                 y yo estoy como vendido.
                    Entretenerme no quieras;
                 porque, si bien consideras
                 mi condición por su indicio,
                 ha mucho rato que en juicio
                 estoy condenado a veras.

Alejandro   Tu gusto alabo, y condeno

el que tan continuo sea;
que el que de donaires lleno
siempre en las burlas se emplea
no es para las veras bueno.
   Saber de César querría
la causa y el fundamento
de tanta melancolía,
que como suya la siento
y la lloro como mía;
   pero fue contrario efeto
el que he venido a mirar;
que, aunque seas más discreto,
es necio quien piensa hallar
entre burlas un secreto.

Lázaro   Antes por sacarle de ellas,
hace bien, si allí se ofusca,
y mal por necio atropellas
al que en las burlas le busca,
sino al que le pone en ellas.
   Y pues César ha mostrado
discreción, no hay presumir
que a mí me le habrá fiado;
mas con todo, por cumplir
la obligación de criado,
   que de un sirviente hablador
es el precepto mayor,
entre todos los demás,
el cuarto, «no callarás
defecto de tu señor»,
   te diré lo que he alcanzado
en lo que yo he discurrido
de su pena y su cuidado,
muchos menos que sabido

y algo más que murmurado.
De España vino con nombre,
opinión, noticia y fama
a Parma —esto no te asombre—
cierto juego que se llama,
señor, el juego del hombre.
César el juego aprendió
y un día que le jugó,
teniendo basto, malilla,
punto cierto y espadilla,
la tal polla remetió.
Acabando de perder,
hubo voces, y el senado
mirón tuvo en que entender,
si fue bien o mal jugado,
si pudo o no pudo ser.
Con esto nos fuimos luego,
y estando durmiendo yo
en mi cama y mi sosiego,
desnudo se levantó,
dando y tomando en el juego;
y, habiéndome despertado,
cuanto encendido, resuelto,
me dijo muy enojado,
«Si aquella baza le suelto,
reparto y quedo baldado;
luego le atravieso yo,
y con cuatro tengo hartas,
y hago tenaza, o si no,
vuélvanme mis nueve cartas,
y venga el que lo inventó.»
De aquí, sin duda, ha nacido
su tristeza.

Alejandro   Yo me he holgado

de haberla de ti sabido,
pues con eso has castigado
la culpa de haberte oído.
    No quiero creer que fuera
tan necio César que a ti
su secreto te dijera,
pues hoy me pesara a mí,
cuando de ti lo supiera;
    que tu condición extraña
claramente desengaña
que es para burlas ociosas
no más.

Lázaro
                    Como de esas cosas
vienen cada día de España.
    Dios te guarde; y yo prometo,
con la ocasión que me has dado,
de buscarte más discreto.

(Aparte.)
                    (Bien las burlas me han librado
de descubrir el secreto.)

(Vase.)

Alejandro
                    Notable hombre; si estuviera
con más gusto, le tuviera
en oírle.

Arias
                        Pues si a ti
te agrada, siempre está así,
que es hombre de esta manera;
    en su vida estuvo triste.

Alejandro
                    No será muy entendido;

que en saber sentir consiste
parte del alma.

Arias

Ha nacido
de esta suerte. ¿Nunca oíste
sus cuentos?

Alejandro

Nunca llegó
a mi noticia.

Arias

Pues yo
sé que, si aquí te contara,
alguno, que te agradara.

Alejandro

¿De qué manera?

Arias

Perdió
conmigo el dinero un día
y yo le empecé a jugar
sobre prendas que traía;
y en fin le vine a ganar
la espada que se ceñía.
No quise entonces volvella,
por ver lo que hacía sin ella,
y él buscó sin dilación
una vieja guarnición,
y poniendo un palo en ella,
le metió en la vaina. Así
le trae hoy día.

Alejandro

Yo espero
burlarme dél... ¡Ay de mí!
Mal con burlas vencer quiero
el fuego en que me encendí.
Ve a hablar a César, allana

tristezas de agravios llenas;
que yo estaré con mi hermana,
sintiendo de César penas
y rigores de doña Ana.
      Iré a ver los rayos rojos,
testigos de mis enojos.
Y si tengo de morir
ausente, más vale ir
donde me maten sus ojos.

(Vanse. Salen don César y Lázaro, dándole un papel.)

Lázaro   Toma, señor, el papel,
que hoy Elvira me llamó
y para ti me le dio.

César   ¿Y ahora vienes con él?

Lázaro   Vive Dios, que te he buscado,
hasta entrar por ver si hablabas
al príncipe.

César   ¿Y no me hallabas?

Lázaro   ¿Qué quieres? Soy desdichado.

César   Pues no ha habido hombre que pase
a hablarle que no me pida
licencia.

Lázaro   En toda mi vida
hallé cosa que buscase.
      Toma, señor, el papel;
y si su gusto codicias,

no perdono mis albricias.

César   ¡Ay cielos! ¿Qué dirá en él?

Lázaro   Necedad de aquél que va,
cuando el reloj está dando,
con gran priesa preguntando,
«¿Sabe usted las cuántas da?»
Cuenta, y no preguntarás
lo que tú puedes saber;
y puesto que sabes leer,
abre el papel, y verás
lo que dice.

César   Estoy cobarde.
Tarde me trajiste el bien.

Lázaro   Pues véngate tú también;
dame las albricias tarde.

César   Ponte, Lázaro, el vestido
que hice para la jornada
de Florencia.

Lázaro   Eso me agrada.
Mil veces los pies te pido.

César   Lázaro, en el bien que toco
con causa el sentido pierdo;
hoy debo de estar muy cuerdo,
pues confieso que estoy loco.
¿Doña Ana me escribe a mí
tierna, alegre y amorosa?
¿Hay suerte más venturosa?
¿Cuándo tal bien merecí?

El pecho romper quisiera,
porque en su oculto lugar,
siendo el corazón altar,
el papel la imagen fuera.
    ¿Dónde pondré este papel?

Lázaro
    Puesto que eso te alborota,
si está la soleta rota,
cálzate, señor, con él.
    Un tiempo, con tener fama
que era de las más discretas,
me sirvieron de soletas
los papeles de mi dama.
    Mas, ¿sabes qué considero?
Que, aunque el vestido es cabal,
parecerá un hombre mal,
si no lleva algo en dinero.

César
    Lázaro, a darte me obligo
cuanto me pidieres hoy.
La espada no te la doy,
porque me la dio un amigo.

Lázaro (Aparte.)
    (Él sin duda a saber llega
que es de palo aquesta espada,
pues cuando no niega nada
la espada sola me niega.)

(Sale don Arias.)

Arias
    Como agraviado, quejoso,
don César, buscándoos vengo;
agravios son de amor mío
y quejas de amigo vuestro.

Hoy el príncipe de Parma,
hoy Alejandro Farnesio,
segundo solo en el nombre,
y en las grandezas primero,
me llamó para saber
vuestra tristeza, diciendo
que solo yo la sabía,
por ser alma en vuestro pecho.
Corrido, entonces, quedé
de ver que en su pensamiento
merezca este nombre, cuando
tan poco con vos merezco.
De su parte y de la mía
vengo a hablaros; y así quiero
deciros como criado
su recado. Estadme atento.
Dice el príncipe Alejandro
que si a vuestro sentimiento
de sus estados importa
el mando todo, que en ellos
como su señor mandéis,
que dispongáis como dueño,
pues en vuestras manos deja
su poder y su gobierno.
Hasta aquí dice Alejandro,
y yo de mi parte empiezo,
no a ofreceros sus grandezas
sino un ánimo dispuesto
a vuestro servicio siempre.
Merezcan, pues, mis deseos,
para sentirlos en todo,
parte en vuestro sentimiento.
Quejoso el príncipe vive
de vuestro descuido, y vemos
que servicios en señores

son máquinas en el viento;
cuanto aseguran mil años
borra un minuto de tiempo;
que es sola una culpa olvido
a muchos merecimientos.
Divertíos, alegraos,
ensanchad, César, el pecho,
y aunque el corazón se abrase,
finjan los ojos contento.
Como amigo os lo suplico,
como criado os lo ruego,
como leal os persuado,
como noble os aconsejo.

César   Beso a su Alteza los pies,
y a vos las manos os beso,
pues debo a vuestra amistad
lo que a sus grandezas debo.
Y, agradecido a los dos,
iré a los dos respondiendo.
Diréis, pues, al poderoso
Alejandro...

Lázaro (Aparte.)   (¿Qué es aquesto?
¿Por «poderoso Alejandro»
empieza? Ruego a los cielos
que alguna loa no eche,
con su historia y con su cuento.)

César   ...que el cielo su vida aumente
por tantos siglos eternos
que al número de los años
pierda la memoria el tiempo;
que mi tristeza no es causa

para que en un pensamiento
falte a su gusto rendido,
a su obediencia sujeto.
Una gran melancolía
opone al alma estos miedos,
si oculta siempre en la causa,
manifiesta en los efectos.
Mis estudios lo habrán sido;
tanto en ellos me divierto
que, para darme a los libros,
a su presencia me niego.
Esto le podéis decir,
disculpando nobles yerros,
que para solas ausencias
amigos se introdujeron.
Y, respondiéndoos a vos,
porque veáis que agradezco
el cuidado, he de fiaros
lo que guardé de mí mesmo.
Mas no lo agradezcáis mucho,
porque habéis llegado a tiempo
que, aunque quisiera encubrirlo,
os lo dijera el contento.
¡Ay, don Arias, no os espante
verme en un instante haciendo
extremos, alegre o triste;
que el amor todo es extremos!
Quiero deciros la causa...
mas, si os he dicho que quiero,
ni vos tenéis que escucharme
ni yo que deciros tengo.
Bien veréis que esto es amor;
y si es mucho, bien lo muestro,
pues presente no lo digo
cuando ausente lo confieso.

Puse en un cielo los ojos
—disculpado atrevimiento—
que quien glorias busca, solo
pudiera aspirar al cielo.
En fin la dije mis penas,
que, aunque no consiga efecto,
el intentar grandes cosas
arguye merecimientos.
No os enfadéis si me alargo
en contaros mis sucesos;
que vos me dais ocasión
con oírme tan atento.
Respondióme con oírme;
que en tan arrogante empleo
bastó, sin gozar favores,
el no padecer desprecios.
Dos años ha que la sirvo,
sin que en todo aqueste tiempo
perdiese al Sol de su honor
un átomo de respeto.
Amor, del llanto ofendido,
si no obligado del ruego,
con no merecidas glorias
coronó mis pensamientos.
Hoy tuve suyo un papel;
que nada encubriros puedo;
que contentos repetidos
son duplicados contentos.
Éste fue el primer favor,
y yo el amante primero
que mereció por humilde
lo que intentó por soberbio.
Diréis que encarezco mucho
lo que tan poco encarezco;

mas vos me disculparéis
cuando sepáis el sujeto.
Al decir quién es, me turbo;
mas poco en esto la ofendo;
y más estando advertido
que aspiro a su casamiento.
Mirad, don Arias, que os fío
mucho, y que no soy de aquéllos
que, por alabarse, venden
a pregones sus secretos;
que a saber en qué consiste
de una mujer la honra, creo
que hicieran sus mismas lenguas
mordazas de su silencio.
Discreto sois, en vos pongo
el alma misma, advirtiendo
que, a querer yo que supiera
Alejandro mis intentos,
pues dos recados trajisteis,
y a entrambos voy respondiendo,
aquesta respuesta os diera
en el recado primero.
Doña Ana de Castelví
—ya he dicho quién es, ya puedo
aun más allá del discurso
pasar encarecimientos—
es quien me tiene en su amor
de mí mismo tan ajeno
que no siento lo que digo,
aunque digo lo que siento.
No fue tanta mi tristeza
como mi divertimiento;
porque en su amor solo vivo
y solo en sus gustos pienso.
No diga que quiere bien

quien libre, alegre y contento
piensa o habla en otra cosa;
que amor es del alma dueño,
y yo, que de veras amo,
por pensar en sus extremos,
quisiera pasar a siglos
las breves horas del sueño.
Mucho he dicho y mucho callo,
y ahora solo pretendo
que leáis este papel,
para obligaros de nuevo
a que sintáis mis pesares,
a que gocéis mis deseos,
a que celebréis mis glorias,
a que alabéis mis intentos,
y a que el secreto paséis
desde los labios al pecho;
que de la boca al oído
está a peligro un secreto.

Arias   Con causa contento os veo.

César   Pues tomad, leed el papel;
veréis mi ventura en él.

Arias   Por vuestro gusto lo leo.
 «Ya el confesarme querida
es empezar a querer;
que es favor en la mujer
el estar agradecida.
 Mas no es favor lisonjero
lo temeroso que estás,
pues sabe el amor que, más
que tú me estimas, te quiero.

Si acaso, por encubrirlo
Amor, venganza ha buscado,
bástame el haber pasado
la vergüenza de decirlo.
   Ven en pasando la tarde
a la calle, y te diré
lo que apenas sentir sé.
A Dios, mi bien, que te guarde.»
Vos estáis bien empleado.

César
   Al príncipe le diréis
la otra respuesta; y si hacéis
que yo quede disculpado,
   lo veré.

Arias
          Que he de serviros
tened por cierto.

César
           Lucero,
que amante fuiste primero,
muévante tantos suspiros,
   corre con curso violento;
que yo sé que adelantaras
el ocaso si llevaras
a Dafne en tu pensamiento.

(Vanse César y Lázaro.)

Arias
   De dos secretos cargado,
aunque uno mismo en rigor,
obligado de un señor
y de un amigo obligado
   me hallo, y en tanto disgustos
no sé cuál a cuál prefiere.
¡Mal haya el necio que muere

por saber ajenos gustos!
Si a César el amor digo
del príncipe, sus desvelos
le han de dar celos, y celos
no se han de dar a un amigo.
Pues si al príncipe el afeto
digo de César, no sé
si lo acierto, pues la fe
rompo a César del secreto.
Si callo la voluntad
del uno al otro, en rigor
soy a la lealtad traidor
o traidor a la amistad.
Hoy del príncipe ha nacido
el amor y, aunque el cuidado
esté tan enamorado,
no está tan favorecido.
Él a César quiere bien,
y si su amor le encarezco,
y sus favores, me ofrezco
a que sus manos le den
la prenda, que un desengaño
con tiempo hace tal efeto,
y yo no falto al secreto,
por remediar mayor daño.
Confusas máquinas son
éstas que dudoso sigo;
porque, ignorando, un amigo
mata con buena intención.

([Vase.] Salen Alejandro, don Félix, doña Ana y acompañamiento.)

Alejandro   Licencia me habéis de dar.

Ana	Vuestra Alteza no esté así, o no pasaré de aquí.
Alejandro	Yo os tengo de acompañar hasta que el cuarto dejéis de mi hermana.
Ana	No haga eso Vuestra Alteza, que es exceso de mercedes.
Alejandro	Pues, ¿no veis que es justa obligación mía, debida por ser mujer, y que en mí no puede ser exceso de cortesía?
Ana	Muy bien la que habéis tenido vuestro heroico pecho muestra; mirad que soy criada vuestra; y así, como tal os pido que mitiguéis los enojos de tan dulce resplandor, que, como sois Sol de honor, me vais cegando los ojos.
Alejandro	Mal de mis rayos infiero ese luciente arrebol, que voy delante del Sol por blasonar de lucero; mas porque no me acobarde el fuego que en vos se ve, por fuerza me quedaré. Guárdeos Dios.

Ana	El cielo os guarde.

(Vase.)

Alejandro	Don Félix, ¿no acompañáis a vuestra hermana?

Félix	Señor, agradecido al favor con que a los dos nos honráis, a vuestros pies he quedado, como criado, rendido, como leal, reconocido y, como noble, obligado. Esa vida el cielo aumente tanto que sea en su gloria testigo a vuestra memoria el olvido solamente; la fama con vos ufana, dilatada por los vientos...

Alejandro	Dejad encarecimientos, y acompañad vuestra hermana
(Aparte.)	en mi nombre. (¿Hay más enojos que escuchar inadvertido lisonjas para el oído, negándolas a los ojos?)

(Vase don Félix. Llega don Arias al príncipe.)

Don Arias, ¿qué hay de nuevo? ¿Viste a César?

Arias	A César vi y hablé; pero, primero que sepas su respuesta, saber quiero

el término de amor a que has llegado.

Alejandro   Tienen mi pensamiento
triste César, doña Ana enamorado
y, con un sentimiento,
no sé cuál de los dos es lo que siento.
Entré galán al cuarto de mi hermana,
y con ella y sus damas vi a doña Ana.
Vi en un jardín de amores
que presidía entre comunes flores
la rosa hermosa y bella.
Mal digo; que, si bien lo considero,
yo vi entre muchas rosas una estrella,
o entre muchas estrellas un lucero;
y, si mejor en su deidad reparo,
prestando a los demás sus arreboles,
entre muchos luceros vi un Sol claro,
y al fin vi un cielo para muchos soles.
Y tanto su beldad les excedía
que en muchos cielos hubo solo un día.
Hablando estuve, en ella divertidos
los ojos, cuanto atentos los oídos;
porque mostraba, en todo milagrosa,
cuerda belleza en discreción hermosa.
Despidióse en efecto. Si fue breve
la tarde, Amor lo diga, que quisiera
que un siglo entero cada instante fuera;
y aun no fuera bastante,
pues, aunque fuera siglo, fuera instante.
La salí acompañando cortésmente;
y aquí basta decirte
que muero amante y que padezco ausente.

Arias   Según eso, imposible es persuadirte
que olvides ese amor.

Alejandro	Hoy ha nacido,
	y a más correspondencia pone olvido
	el alma, si previene mayor daño.
Arias	Pues a tiempo llegó mi desengaño.
	Señor, si a César quieres, no la quieras;
	y básteme decir que, si pretendes
	a doña Ana, es a César al que ofendes.
Alejandro	Don Arias, cuando alguna cosa digas
	a quien no la pregunta, ya te obligas
	a no dejar la plática empezada.
	Dímelo todo, o no dijeras nada.
	¿Quiere a doña Ana César? Poco importa;
	que César es mi amigo, y si me hallara
	muy prendado, por César la olvidara.
	Prosigue, pues; ¿qué temes?
Arias	Que indiscreto
	falto a la fe jurada de un secreto.
Alejandro	Pues si callar debías,
	¿para qué los principios me decías?
Arias	Yo tu quietud pretendo.
(Aparte.)	(Perdona, César, si el secreto ofendo.)
	Señor, ellos se quieren.
Alejandro	¿Cómo es eso?
	Luego, ¿doña Ana sabe —¡pierdo el seso!—
	que don César la quiere?

Arias	Y amorosa
	le corresponde.

Alejandro	¡Ay suerte rigurosa!

¿Quién se ha visto dudoso,
triste y desesperado,
antes desengañado que celoso,
y celoso —¡ay de mí!— que enamorado?
Si César la quisiera,
la dejara, y sus celos no sintiera;
mas que ella quiera a César, son más daños,
que apadrinan los celos desengaños;
pero si ellos se quieren, no se diga
de mí que amor me obliga,
ofendido y celoso,
a amar ingrato y a querer quejoso.

Arias (Aparte.)	(Ahora encareciendo

sus favores, pretendo
que del todo la olvide.)

Alejandro	En mí el amor con el valor se mide.

En efecto, ¿se quieren?

Arias	Y yo he visto
	hoy un papel...

Alejandro (Aparte.)	(¡Mal mi dolor resisto!)

Arias	...que amorosa doña Ana le escribía.

Alejandro	(¿No bastaba saber que le quería?

Pero si ya olvidado
estoy, ¿por qué un papel me da cuidado?
Mas, ¿quién tendrá paciencia

en tan mortal dolencia
para no preguntar lo que decía?
¿Por no andar vacilando qué sería?)
¿Qué escribió?

Arias   Que esta noche quiere hablalle
por las ventanas bajas de la calle.

Alejandro (Aparte.) (¿Esta noche ha de hablalla,
cuando el alma ofendida sufre y calla?
¿Ellos diciendo amores,
yo padeciendo agravios y rigores?
¿Qué es lo que escucho, cielos?
¡Que en mí, más que el amar, puedan los celos!
¿Yo no estoy declarado?
Pues que pongo silencio a mi cuidado
por César, deje César por mis celos
esta ocasión, si en ella reconoce
mis penas y desvelos;
y pues yo no la gozo, no la goce.)

Don Arias, ¿sabe César que yo he puesto
en doña Ana mi amor? ¡Ay de mí triste!

Arias   ¿Cómo, si solo a mí me lo dijiste?

Alejandro   Como a ti solo dijo inadvertido
también César su amor, y lo he sabido.

Arias   Quien con buena intención ofende, yerra
con disculpa.

Alejandro   Don Arias, hoy se encierra
en tu pecho mi gusto.

No es aquesto en amor término injusto;
una curiosidad es solamente,
confieso que parezca impertinente.
Cuanto a César pasare con doña Ana
me has de decir; que si por él allana
mi honor que no la quiera,
y no puedo jugar, aunque picado,
quiero mirar los lances desde afuera.

Arias   Si el primero, señor, has condenado,
¿cómo diré el segundo?

Alejandro   Antes disculpa
te ofrezco con haberlo preguntado,
pues en aqueste punto
lo que tú me dijeras te pregunto.

Arias   Señor...

Alejandro   Esto ha de ser.

Arias   Obedecerte
es fuerza; pero ¡mira...!

Alejandro   De esta suerte
entretendré mis penas, mis desvelos,
divirtiendo sus gustos en mis celos.

Arias   ¡A qué de riesgos locos
se pone quien no calla su secreto!

Alejandro   Todos lo dicen y le callan pocos.

(Salen don César y Lázaro, sin reparar por el momento en el príncipe.)

César	Pasa, Sol, con tu porfía el cielo en dorado coche, que hoy amanece la noche, pues hoy anochece el día. Deposita en sombra fría, Apolo, tus luces bellas; nacerá otro Sol en ellas de más luciente arrebol; y verás que de mi Sol van huyendo las estrellas.
Lázaro	Maldito de Dios el caso hace el Sol de tu tristeza; tú te quiebras la cabeza, y él se va paso entre paso por su cabal al ocaso. ¿De qué sirve en tu porfía tanto Sol y tanto día? ¿Que es el Sol, no echas de ver, cochero y que no ha de ser llevado por cortesía?
César (Aparte.)	(Al príncipe vi, y leal el corazón en el pecho, no sé qué extremos ha hecho, pronósticos de mi mal.) Aunque a mi pena es igual de mi descuido la culpa, noblemente me disculpa ver que a tus pies no llegara, si en don Arias no enviara prevenida la disculpa. Perdóname haber faltado a tu servicio o tu gusto,

si ya mi tormento injusto
no me tiene disculpado.

Alejandro   Ya don Arias me ha contado,
César, la fiera porfía
de tanta melancolía,
y tan bien la encareció
que, con lo que dijo, yo
vine a sentirla por mía.
    Tan bien la supo sentir
que la causa del pesar
no la supiera callar,
como la supo decir.
Yo, que empeñado en oír
de tu mal las penas graves
le escuché, con tan suaves
razones me las pintó,
que de tu mal supe yo
la causa, que tú no sabes.
    Yo te quiero divertir;
esto debo a tu amistad.
A andar toda la ciudad
esta noche has de salir
conmigo; podremos ir
encubiertos y embozados
a visitar disfrazados
varios modos de placeres;
músicas, juegos, mujeres
entretendrán tus cuidados;
    que yo te quiero de suerte
que, por verte alegre, diera
todo mi estado, y pudiera
quedarme solo por verte.

César   Tú me honras, pero advierte

que está ya mi pensamiento,
con ese encarecimiento
que llega a merecer hoy,
tan gozoso que ya estoy
muy alegre y muy contento.
    Desde aqueste instante empieza
en el alma misma a ser
todo su pesar placer,
gusto toda su tristeza.
No, no se canse tu Alteza
en divertirme mis quejas;
que con aqueso me alejas
del gusto, porque yo sé
que aquesta noche estaré
más contento si me dejas.
    Claro está, pues mi cuidado
ha de ser mucho mayor,
viendo que tú estás, señor,
por mí desasosegado.

Alejandro   Tanto, César, me ha pesado
de hablarte en tu pena ciego
que, si yo a verte no llego
esta noche, claro está,
de no verte nacerá
mi mayor desasosiego.
    ¡Lázaro!

Lázaro   ¿Señor?

Alejandro   También
irás conmigo.

Lázaro   Eso sí,

fíate, señor, de mí,
que de ninguno más bien.
¡Ah, plegue a Dios que nos den
ocasión en que empleado
este brazo, y a tu lado...!

Alejandro   ¿Valiente eres?

Lázaro   ¡Pese a tal!
Soy el más largo oficial
que puso herramienta a un lado.

Alejandro   Y, ¿la hoja es buena?

Lázaro (Aparte.)   (¡Aquí
me coge vivo!) Señor,
la tuya será mejor;
mas ésta me sirve a mí
de lo que la mando.

Alejandro   Así,
por ensalzarla, la humillas.
¿Corta?

Lázaro   Que hace maravillas.
Tanto, que al golpe primero,
aunque un broquel sea de acero,
hará que salten astillas.

(Aparte.)   (Y es verdad; que saldrán della.)

Alejandro   ¿Buen temple?

Lázaro   El que tú le das.

Alejandro   Y, ¿qué ley?

Lázaro   No matarás;
no hay culpa mortal en ella.

Alejandro   Gana me ha dado de vella.

Lázaro (Aparte.)   (De aquí puedo escapar mal.)
Por voto solemne...

César   (¡Ay tal!
¿Quién hay que a mi pena iguale?)

Lázaro   ...nunca de la vaina sale,
si no es a caso fatal.
Empléala, gran señor,
en tu servicio, y verás...
Mas no quiero decir más;
que ella lo dirá mejor.

César (Aparte.)   (¿Hay más pena, hay más rigor?
¡Hoy desesperado muero!)
Señor, si mi llanto fiero
quieres que alegre contigo,
ya mi gozo es buen testigo.

Alejandro   Mira, César, que te espero;
que bien se ve que no cesa
tu pena, y que la entretienes;
y de la ocasión que tienes
ya como propia me pesa.
Y pues el alma confiesa
que es una melancolía
la que en dos pechos se cría,
para alegrarnos, andemos

juntos y divertiremos
yo tu pena y tú la mía.

(Vase.)

César

    ¿Quién no perderá la vida
en la ocasión deseada,
en tantos gustos hallada,
en tantas penas perdida?

Arias

    Cumplí la amistad debida.

(Aparte.)

(Si el secreto le dijera...)
Pues a vuestra pena fiera
remedios que busca son,
no os quitará la ocasión,
que antes él mismo os la diera.

(Vase.)

César

    ¡Lazaro!

Lázaro

      ¿Señor?

César

        ¿Doña Ana
qué dirá de mí?

Lázaro

      Dirá
lo que quisiere.

César

      ¿Qué hará?

Lázaro

    Estará de mala gana
esperando a la ventana.

César	Dirá que ha sido fingido
	mi amor, y el pecho ofendido,
	con el alma y con los labios
	dará a forzosos agravios
	satisfacciones de olvido.
	¡Ay fiera desdicha mía!

Lázaro	¿Tu mal quién podrá creello?
	Mas, ¿cómo es, señor, aquello?
	«Clara noche, oscuro día...»

| César | ¿Vuelve tu necia porfía? |

Lázaro	De un loco, si eres discreto,
	toma un consejo. El efeto
	no sé yo por dónde viene;
	mas tales peligros tiene
	quien no calla su secreto.

(Vanse.)

Fin de la primera jornada

Jornada segunda

(Salen don Arias, don Félix, don César, Alejandro, Lázaro, de noche.)

Arias   Buena noche.

Alejandro   El Sol parece
que quedó a la sombra negra
en pedazos dividido,
depositado en estrellas.

Félix   La Luna, embozado el rostro
entre pardas nubes, muestra
trémulos rayos de plata,
[haciendo] al Sol competencia.

Lázaro   Cabal, sin faltarla un cuarto,
y sin cercenar la oblea,
por no ser Luna vacía,
hoy quiso ser Luna llena.

César (Aparte.)   (¡Ay de mí! ¿Quién creerá, cielos,
que no siento que se pierda
la ocasión, sino pensar
que tendrá tan justa queja
de mí doña Ana?) Señor,
recójase vuestra Alteza;
que el sereno le hará mal,
y ya la noche refresca;
basta lo que hemos andado.

Alejandro   Como yo, por mi grandeza,
no puedo con libertad
andar de día, quisiera
ver, una noche que salgo,

toda la ciudad.

César (Aparte.)	(¡Paciencia!
	Pues, ¡vive Dios!, que he de ver
	si puedo con mi tristeza,
	divertido a su pesar,
	dejar de pensar en ella.)
	¿Qué te pareció de Flora?

Alejandro
    ¿No es la dama milanesa?
Buen lejos tiene.

Lázaro
             En verdad,
mucho mejor es que el cerca;
pero el lejos ha de ser
tan lejos, que no se vea.

Arias
    Laura se prende muy bien.

Lázaro
    Bien se prende, y bien se prenda.

Félix
    Buenas manos.

Lázaro
             Pues las tiene,
bien hace en dárselas buenas.

Arias
    Aquí la doncella vive.

Lázaro
    Ni la oigas ni la veas,
señor, hasta que se haga;
que son como las comedias,
sin saber si es buena o mala.
Ochocientos reales cuesta
la primera vez; mas luego

dan por un real ochocientas.
Déjala imprimir primero;
que comedias y doncellas,
como estén dadas al molde,
las hallarás por docenas.

César (Aparte.)
(Ésta es la hora que estará
doña Ana puesta en las rejas,
diciendo entre sí: «Pues, ¿cómo,
no es hora que venga César?
¿Yo, que pensé que tardaba,
vengo a espararle?». Aquí es fuerza
que se enoje. Mas, ¡ay, cielos!
que no he de pensar en ella;
olvidéme de olvidarme.)
Por extremo cantó Celia.

Lázaro
Buena voz y mala cara
pocas veces son opuestas.

César
Con el dote de la hermosa
casaba Roma a la fea;
y por no darla, la hizo
de sus gracias heredera.

Lázaro
Laura vive aquí, que dijo:
«Con lo que la casa cuesta,
de alquiler he de hacer coche».
Y, respondiéndole a ella
dónde había de vivir,
dijo: «Cuando coche tenga,
en el coche todo el día,
y la noche en la cochera».

César (Aparte.)
(¿Qué he de hacer? Vuelvo a olvidarme.)

Señor, la noche se aleja,
y Nísida mi señora,
cuidadosa de tu ausencia,
te esperará desvelada.
Ya sabes de su firmeza
que como hermana te quiere
y como dama te cela.
No la des este cuidado.

Alejandro	Más el tuyo me atormenta.
César	¿Qué dices?
Alejandro	Importa poco; que no sabe que estoy fuera.
César (Aparte.)	(Pasóse fuerte ocasión.)
Lázaro	En esta casa pequeña viven dos hembras a quien ningún hombre, aunque más sepa, mientras con las dos hablare, hablará cosa a derechas.
Alejandro	Pues, ¿por qué?
Lázaro	Porque es la una corcovada y la otra tuerta.
Arias	Pues una niña ceceosa y pobre vive aquí.
Lázaro	Ésa, cuando cecea, no llama,

pues despide, aunque cecea.

Arias   Tiene tía.

Lázaro   Arredro vaya,
y más si bien se me acuerda
de la vieja del conjuro.

Alejandro   ¿Cómo fue?

Lázaro   De esta manera;
yo me enamoré, señor,
un día, que no debiera,
o que no pagara. En fin,
consultando cierta vieja,
pidióme, para el efecto,
de su cabello una trenza.
A fuer de Zaide, busqué
ocasión para cogerla,
y halléla, señor, un día
en que, durmiendo mi prenda,
prematicario barbero,
la quité media guedeja;
mas tal que, aunque avecindada
vivió en su frente, no era
natural de su copete,
feligrés de su mollera.
Guedeja heredada fue;
y, haciendo el conjuro en ella,
a la media noche entró
en mi aposento una muerta.
Troqué en miedos los amores,
en responsos las ternezas;
y aunque allí por fuerza vino,
pienso que se fue por fuerza.

César (Aparte.)

(¿De qué tanto olvido sirve,
si nunca se olvidan penas,
y ya se acuerda de amor
el que de olvidar se acuerda?
Paréceme a mí que ahora
—mas ¿qué de locuras piensa
un amante?— que doña Ana,
no porque hablarme desea,
sino por desengañarse,
vuelve otra vez a la reja,
y que, no viéndome, dice,
—que la oigo pienso—: «Aunque vengas,
no podrá hacer el amor
que otra vez a verte vuelva».
Mira, señora, mi bien...
¿Hay locura como ésta?
¿Viome alguno? No. Por Dios,
que estaba hablando con ella.)

Alejandro

Don Arias, ¡qué mal encubre
su divertimiento César!

Arias

Harto procura por ti
sacar fuerzas de flaqueza.

Alejandro

Pierda él la ocasión, no es mucho,
pues yo callo, que él la pierda;
que él padece ausencia, y yo
padezco celos y ausencia.

Arias

Mira que está aquí su hermano;
habla quedo, no te entienda.

Alejandro	No importa; que un noble nunca de su honor tuvo sospecha.

(Canta dentro un Músico.)

Músico	«Al despedirse de Anarda, dijo Eliso en triste voz: "¡Ay, que me muero de ausencia! ¡Ay, que me muero de amor!"»
César	Buena voz.
Félix	Es extremada.
Alejandro	¡Qué agradablemente suenan a un mismo tiempo conformes voz, tono, instrumento y letra! Ahora quiero probar, don Arias, de qué manera Lázaro en esta ocasión, pues la da el músico buena, disculpa su espada.
Arias	¿Cómo?
Alejandro	Aquí quiero que lo veas. ¡Lázaro!
Lázaro	¿Señor?
Alejandro	Pretendo que cierto disgusto sepas. Todas las noches que salgo canta este hombre, y me pesa de que en esta calle cante.

Lázaro

    Yo llegaré con prudencia
de tu parte, y le diré
que se vaya.

Alejandro

       No es aquésa
mi pretensión.

Lázaro
(Aparte.)

      Pues será
de la mía. (Si me aprieta,
yo soy muerto.)

Alejandro

       No es bastante.

Lázaro

   Pues, ¿qué quieres hacer?

Alejandro

          Llega,
y dale una cuchillada.

Lázaro

   Será superchería ésa;
que estoy muy acompañado
para un musiquillo. Deja
que venga solo mañana,
y te mando su cabeza.
Fuera de eso, este hombre está
inocente, y en conciencia
debes primero avisarle;
pues si culpado estuviera,
con más cólera llorara,
cantara con menos flema.

Alejandro

   Haz lo que mando, o diré
que de gallina lo dejas.

César

Lázaro, ¿por qué no haces
lo que te manda su Alteza?

Félix

¿Quiéres que le dé yo?

Arias

                            O yo
le daré.

Lázaro
(Aparte.)

             ¡Brava sentencia!
Yo voy (y pienso escaparme,
por favor a la inocencia).

(Sale el Músico.)

Músico

     «Rompió el silencio amoroso,
diciendo con triste voz:
"¡Ay, que me muero de ausencia!
¡Ay, que me muero de amor!"»

Lázaro

     Plegue a Dios que, si inocente
estás, que aquí se me vuelva
aquesta espada de palo,
porque ofenderte no pueda.
¡Milagro, milagro!

Alejandro

                    Bueno
anduvo.

Lázaro

         Dios, que no deja
de su mano al inocente,
volvió por su causa mesma.
Toma esta espada; que tú
eres digno de tal prenda;
y aunque sea milagrosa,
me darás otra por ella.

Alejandro	Yo te la mando.
Félix	¿Por dónde iremos?
César	Demos la vuelta hacia palacio, y allí te quedarás.
Alejandro	Tiempo queda para recogerme.
César	Mira que el día, señor, se acerca.
Alejandro	Poco importa, que ya el alba me hallará de esta manera. ¿Cómo te sientes?
César	Ya estoy muy alegre, aunque me cuesta el alegrarme muy caro.
Alejandro	También yo de mi tristeza estoy mejor.
César	Yo por ti digo, señor, que me pesa, y te juro de no estar triste en mi vida.
Alejandro (Aparte.)	(Aunque sea villanía de amor,

54

parece que se consuelan
con otros gustos sus gustos,
con otras penas sus penas.)

(Vanse. Salen doña Ana y Elvira a la reja.)

Elvira   ¿Otra vez vuelves?

Ana   No puedo
de una vez determinarme;
vengo por desengañarme,
y más engañada quedo.
     Hasta verme despreciada,
imaginé ser querida,
y hasta verme aborrecida,
no me he visto enamorada.
     De su descuido ha nacido
en mí todo mi cuidado;
mas para haberme olvidado,
bastaba verse querido.
     ¡Ay, Elvira! No te asombres
de verme hablar de esta suerte;
el desprecio es el más fuerte
hechizo para los hombres.

Elvira   Quejosa con causa estás.
Mas, ¿que otra vez no vendrías
a la reja no decías?

Ana   No pude sufrirlo más.
     ¡Ay agravio riguroso!
Si esto llegara a advertir,
bien le pudiera escribir
papel menos amoroso.
     Ya mi desdicha cruel

tarde el remedio me acuerda.
Mas, ¿qué mujer fuera cuerda
a solas con un papel?

Elvira

Si ahora, señora, viniera,
¿hablárasle rigurosa
o apacible y amorosa?

Ana

No sé, Elvira, lo que hiciera.
¿No puede ser que haya estado
en una ocasión forzosa
de papeles u otra cosa
de su señor ocupado?

Elvira

¿Le disculpas?

Ana

Por buscar
consuelo.

Elvira

Quien le previene
la disculpa, gana tiene...

Ana

Di; ¿de qué?

Elvira

...de perdonar.

Ana

Si viniera ahora —mira
lo que es querer— y me diera
disculpa, aunque lo supiera
yo misma que era mentira,
por mi respeto me holgara;
y por verle disculpar
hoy, me dejara engañar.
Ojalá que él me engañara.

(Salen don César y Lázaro.)

Lázaro ¿Dónde vamos de esta suerte?
¿No ves que ya ha amanecido?

César Voy, Lázaro, donde ha sido
mi vida, a que vea mi muerte.
Dejé al príncipe en palacio,
y con un necio deseo
vengo, por si acaso veo...

Lázaro Tú vienes con lindo espacio.

César ...alguien en las rejas.

Lázaro Sí,
una mujer hay, por Dios;
y aunque digo una, son dos.

César ¿Cómo llegaré? ¡Ay de mí!
Llega tú, Lázaro, y mira
si por ventura es mi bien.

Lázaro ¿Cómo he de ir yo? Que también
estará enojada Elvira.

César ¿Sois vos, señora?

Ana Yo soy,
César, la que os esperaba,
que ajena entonces estaba
de lo que advertida estoy.
Pero soy la que ofendida
tiene, ya desengañada,

por culpas de declarada,
castigos de arrepentida.
¿Al día venís? ¡A fe mía,
que ha sido invención extraña!
Harto es que quien engaña
venga a engañar con el día.

Quisisteis, hasta alcanzar
un favor, que aun no tenéis;
y ya os mudáis, porque os veis
con algo que despreciar.

Y si el desengaño toco
que vuestro trato me ofrece,
es poco lo que merece
quien se contenta con poco.

No penséis, por un papel,
que fue liviano favor,
César, que ya de mi honor
tomáis posesión en él.

No hagáis por eso desprecio
de la ocasión y de mí;
si como loca os la di,
no la perdáis como necio.

Aprended a ser cortés
con las damas otro día;
y si aprendéis cortesía,
venidme a servir después.

(Quítase de la ventana.)

César   Pues que te he escuchado atento
hasta castigar mi culpa,
y no escuchas la disculpa,
habré de decirla al viento.

Sabe el mismo amor si lloro

tu ausencia, y que en ella muero.
Sabe el alma si te quiero.
Sabe el cielo si te adoro.

No ha sido soberbia mía;
que la ocasión me quitó
mi desdicha, porque vio
que yo no la merecía.

Y si esta ocasión perdida
sospechas que me mudó,
viva despreciado yo,
y no estés arrepentida.

Que yo quiero, pues he sido
en venturas desdichado,
ser más cuerdo despreciado
que necio favorecido.

De día vengo, y lo sería
para mí, aunque noche fuera;
pues en viéndote, saliera
claro el Sol, alegre el día.

Hasta verle me ha tenido
el príncipe, que ha rondado
la ciudad. Esto ha pasado;
tu hermano testigo ha sido.

Verdad es; si el merecer
piensas que me ha de olvidar,
vuélveme tú a despreciar,
y vuelva yo a padecer.

Seamos extremos los dos;
yo amante y tú ingrata seas;
escúchame, y no me creas.

(Vuelve doña Ana a la reja.)

Ana   Y eso ¿es verdad?

César	¡Sí, por Dios!
	Pero. ¿en efecto creíste
	que yo pudiera olvidarte?
Ana	¿Y tú, quizá por vengarte,
	a voces no me dijiste
	que ya estaba arrepentida
	de quererte? Pues ¿por qué
	pusiste duda en la fe,
	solo a tu gusto rendida?
	Ya el Sol con sus luces dora
	las cumbres, y le hacen salva
	a un tiempo, con risa el alba,
	con lágrimas el aurora.
	Tarde es; yo daré ocasión
	de hablarnos, y no la pierdas.
César	Si de mis penas te acuerdas,
	glorias mis desdichas son.
Ana	Vete.
César	Adiós, mi prenda amada.
Ana	Él te guarde, y deje ver.
César	¿Oyes?
Ana	¿Qué quieres?
César	Saber
	si quedas muy enojada.
Ana	Gustos serán mis enojos,

estando juntos los dos.

César   Adiós, mi enojada.

Ana   Adiós,
enojado de mis ojos.

(Vase don César, retírase doña Ana, y quedan Elvira y Lázaro.)

Lázaro   Y ella, ¿qué me dice a mí?
¿No tiene estudiado nada
de enojito?

Elvira   ¿Yo enojada?
¿Por qué causa?

Lázaro   Porque sí,
por que lo está su señora;
que yo, porque mi señor
amor tiene, tengo amor.

Elvira   No le he entendido hasta ahora.

Lázaro   El día que mi amo tiene
alegría, alegre estoy;
si va triste, triste voy;
vengo amante, si él lo viene;
   si tiene celos, celoso
me verás; y si le han dado
enojo, estaré enojado.
Mas si amoroso, amoroso;
   con desdén, tendré desdén;
amaré cuando él amare;
y el día que él olvidare
yo te olvidaré también.

Seremos sombra los dos,
sea justo o no sea justo,
a la forma de tu gusto.

Elvira   Y eso ¿es verdad?

Lázaro   ¡Sí, por Dios!
Y pues ellos han reñido,
riñamos los dos.

Elvira   ¿Por qué?

Lázaro   Por si hubiere para qué.
Escóndete, y yo ofendido
llamaré como mi amo.

Elvira   Pues si yo una vez me escondo,
¿qué va que no le respondo?

Lázaro   ¿Y qué va que no la llamo?

(Vanse. Salen don Félix y Alejandro.)

Félix   Parece que está triste,
divertido consigo vuestra Alteza.

Alejandro   La pena que en mí asiste
no es tristeza. ¡Ojalá fuera tristeza
la que ofende mi vida,
y no una confusión mal entendida!
  ¡Qué de veces sucede
hacerse mil por remediar un daño!
¡Oh, dichoso el que puede
rendirse a la verdad de un desengaño,

dando, más advertido,
a libres gustos cárceles de olvido!

(Salen don César, don Arias y Lázaro.)

César   Quedó al fin satisfecha.

Arias   Con el príncipe está don Félix.

César   Creo
que quien no se aprovecha
de la ocasión no estima su deseo;
y es más segura ésta
para dar el papel y traer respuesta.
  Aquí a doña Ana envío
nuevas satisfacciones con la vida,
porque dé al amor mío
la ocasión que le tiene prometida.
Toma, Lázaro, y mira
si puedes por la calle hablar a Elvira;
  que pues estás seguro
de don Félix, bien puedes descuidado.

Lázaro   Entrar dentro procuro
de su casa, fingiendo algún recado;
que pues él no está en ella,
fácil será, señor, hablarla y vella.

(Vase.)

Félix   Don César y don Arias
han llegado.

Alejandro   Su plática he entendido;
mil confusiones varias

pone una confusión a mi sentido.
¿Qué es lo que se trataba?

Arias   César, señor, un cuento me contaba.

Alejandro   Oí algunas razones,
aunque no le entendí, y saber deseo,
por quitar confusiones,
el cuento en qué paró.

César (Aparte.)   (¿Qué es lo que veo?)
Mal tu Alteza porfía
en saberle; que no es tristeza mía;
alegre estoy ahora.

Alejandro   Y, ¿qué fue?

César   De mí mismo desconfío;
don Arias no le ignora;
él le dirá mejor, y yo le fío
que él la verdad te diga.

(Hablan don Arias y don César aparte.)

Arias   Con estas confianzas más me obliga;
pero ya llega tarde.

César   Mira lo que le dices, y no sea
algo que me acobarde.

Arias   Diréle una mentira que no crea
el que la verdad mira
cuál sea la verdad, cuál la mentira.

Alejandro   ¿Qué hay, don Arias?

(Se apartan don Arias y Alejandro.)

Arias   Airada
                   la halló con mil razones rigurosas,
                   pero desengañada
                   quedó en fin a disculpas amorosas.
                   Un papel la ha enviado,
                   viendo que está don Félix ocupado;
                      de éste respuesta espera,
                   y otra ocasión.

Alejandro   ¿Ha mucho?

Arias   En este instante.

Alejandro   ¿Hay confusión más fiera?
                   Remediar ese daño es importante;
                   que si el papel recibe,
                   ¿quién duda los amores que la escribe?
                      El papel me da celos,
                   y temor la ocasión que en él aguarda.
                   ¿Qué es lo que miro, cielos?
                   Esto me anima, aquello me acobarda.

(Se acerca nuevamente a César.)

                   En fin, ¿eso ha pasado?

César   Don Arias la verdad te habrá contado.

Alejandro   Dejando aquesto aparte,
                   don Félix, por no darte aquesta pena,
                   excusaba contarte

que, de pasión y de congoja llena,
un desmayo a doña Ana
ha dado.

Félix   ¿Con desmayo mi hermana?

Alejandro   Nísida me lo dijo;
yo, por no apasionarte, lo encubría.

Félix   Más con eso me aflijo.

Alejandro   Dígolo ahora, viendo que podía
importar tu presencia.

Félix   Iré a verla, señor, con tu licencia.

(Vase.)

Alejandro (Aparte.)   (Eso es lo que deseo,
que vayas a estorbarla que le escriba.)

César (Aparte.)   (¡Cielos! ¿Qué es lo que veo?)

Alejandro (Aparte.)   (Y cuando presunción de esto reciba,
diré que engaño era
del nombre. ¡Ay, si de amor solo lo fuera!)

(Vase.)

César   Pues, don Arias, ¿qué es esto?
¿Qué pena o qué desdicha rigurosa
es en la que me has puesto?

Arias   ¡Cúlpame a mí! Por Dios, que es linda cosa,

tras haberte servido
con lo que agora al príncipe he mentido.
    Él me dijo que había
oído «don Félix y doña Ana hermosa».
Y como ya tenía
el camino cogido, fue forzosa
ocasión hablar de ellos,
y el desmayo arrastré por los cabellos.

César

    Si él a Lázaro halla
con doña Ana, ¿qué haré?

Arias

                No habrá llegado
Lázaro para hablalla;
que Félix volará con el cuidado;
y gran ventaja arguye
quien corre al que anda,
y a quien corre el que huye.

César

    Ello es desdicha mía,
pues la ocasión perdida desengaña
que ha de ser mi alegría
mi pena, y el remedio quien me daña.
Y pues no hay otro medio,
máteme el mal, pues muero del remedio.

(Vanse. Salen doña Ana y Elvira.)

Elvira

    ¿Acabaste de escribir?

Ana

    Escribí, mas no acabé;
que antes pienso que empecé
en cada letra a sentir.
    Quise en una breve suma
cifrar mi pena cruel;

puse encontrado el papel,
y tomé al revés la pluma.

En tanto que amor penetra
las razones, le doblé;
y al poner la pluma, fue
un borrón la primer letra.

Y yo dije: «Mi pasión
letras hace a su contento,
que mal puedo el mal que siento
decirle, sino en borrón».

Confusa y dudosa estaba
qué principio tomaría
y, aunque muchos prevenía,
ninguno me contentaba.

¿No has visto en una redoma
salir el agua con pena
menos, cuando está más llena,
hasta que algún viento toma?

Así fui; porque al sentir
tantas cosas concurrieron
que unas a otras sirvieron
de estorbo para salir.

Y yo, que confusa miro
su impedimento, porque
pudieran salir, tomé
el viento con un suspiro.

Digo, en efecto, que hoy,
por darle, más declarada,
ocasión menos notada,
a ver a mi quinta voy.

Mas abierto está, y mejor
sabrás lo que dice dél.

(Sale don Félix, y Ana se turba, viéndole.)

Elvira	¡Mi señor! Guarda el papel.
Ana	¡Ay de mí!

Félix	Bien el color
	turbado que, haciendo pausa,
	hoy tu belleza condena,
	de tu dolor y mi pena
	me están diciendo la causa.
	    Pues cuando presente tengo
	esta desdicha infelice,
	ella claramente dice
	el cuidado con que vengo.
	    ¿Qué es esto?

Ana	Hermano, no ha sido cosa ninguna.

Félix	No ciegues
	mis ojos, ni mi mal niegues;
	que ya todo lo he sabido.
	    Y, aunque tu pena quisiera
	disimular mi disgusto,
	este sentimiento injusto
	por fuerza me lo dijera.
	    Ya sé todo lo que pasa,
	bien me lo puedes decir;
	que no fue en vano venir
	a tales horas a casa.

Ana	No darte pena pretendo; que sabe el cielo mejor que no te agravia mi amor.

Félix   Menos agora te entiendo.
                    Si por desmentir mi pena,
               hermana, fingiendo estás,
               ¿cómo me disculparás
               verte de pasiones llena?
                  ¿Qué tienes?

Ana   No son indignos
               mis deseos.

Félix   Bueno va;
               con el accidente está
               diciendo mil desatinos.

(Hablan doña Ana y Elvira aparte.)

Ana   Elvira, ¿qué puedo hacer?

Elvira   Negar en toda ocasión;
               que es mucha la dilación
               del sospechar al saber.

Félix   ¿Qué es esto, Elvira?

Elvira   Señor,
               un desmayo que la ha dado
               de esta suerte la ha dejado,
               sin aliento y sin color.

Félix   Luego fue mi pena cierta;
               que eso fue lo que temí.

Elvira   Yo te aseguro que aquí
               la hemos tenido por muerta.

Y, aunque todavía estaba
de pena y congoja llena,
por excusarte tu pena,
la suya disimulaba.

Félix

Hermana, no fue el fingir
tu pasión honrarme en ella;
pues me alegro de sabella
para ayudarla a sentir.
Y, aunque holgarme es maravilla
de lo que es propio disgusto,
me alegro ya por el gusto
que he de tener en sentilla.
Mas, ¿para qué me decías
que los tuyos, por rodeos,
no son indignos deseos,
ni que en tu amor me ofendías?

Ana

Aunque encubrirte pensó
mi amor esta pena fiera,
si Elvira no la dijera,
dijera la verdad yo.
Mas como encubrir deseo
tu pena, dije, señor,
que no te ofendía mi amor,
ni era indigno mi deseo.

Félix

¿De qué, hermana, procedió
ese tirano accidente?

Ana (Aparte.)

(Él aprieta bravamente;
pero enmendarélo yo.)
Un ruido en la calle oí,
estando muy descuidada,
y entonces, algo turbada,

	a la ventana salí.
	Vi que estaban a la puerta
	mil hombres, desenvainadas
	para uno las espadas.
(Aparte.)	(Oh, lo que un temor concierta!)
	En todo le pareciste
	al otro que allí reñía.
	Yo entonces, mortal y fría,
	me rendí a un desmayo triste,
	que amenazó con mi muerte.
	Lo demás te ha dicho Elvira.

Elvira

¿Por qué he de decir mentira,
si es la verdad de esta suerte?

Félix

Y, ¿cómo te sientes ya?

Ana

Más segura y descansada.

(Sale Lázaro.)

Lázaro

Por Dios, sin topar en nada,
tengo de entrarme hasta acá,
porque...

Félix

¿Qué es la turbación?
¿Qué ha sucedido?

Lázaro

...porque...

Félix

Di, Lázaro, lo que fue.

Lázaro (Aparte.)

(Él es fantasma o visión.
¿No quedó en palacio ahora?)

72

Ana (Aparte.)	(Todas vienen juntas hoy mis desdichas.)
Lázaro (Aparte.)	(Muerto soy, si una invención no mejora mi peligro, porque en fin quien a tal amparo viene segura la vida tiene.) ¡Ah follón! ¡Ah malandrín!
Félix	Sosiégate ya, y declara qué ha sido.

Lázaro	Ahí un poco era,
	no es nada. Si esto no hiciera,
	presumo que reventara.
	   Sobre el juego me encontré,
	porque en efecto yo juego,
	y, encontrado sobre el juego,
	vida y dinero jugué.
	   Encontréme al encontrar
	con un muy bellaco encuentro;
	en efecto yo me encuentro...

(Aparte.)	(¡Cielos! ¿Dónde iré a parar?)
	...con un hombre a quien doy nombre
	de hombrecillo, así le nombro;
	pues un hombre le da asombro,
	aunque vive a sombra de hombre.
	   Y, viendo que siempre gano
	otras veces que he reñido,
	pidióme once de partido,
	por no reñir mano y mano.
	   Yo, que los doce miré,
	dije: «Armados, y en cuadrilla,

de pícaros en gavilla
libera nos, Domine».
　　Saqué la que me dio ayer
el príncipe —¡Dios le guarde!—
Al fin no la hice cobarde,
pues que los hice meter
　　a todos en un portal.
Luego los iba sacando
uno a uno, e iba dando
su recado a cada cual.
　　Juntos volvieron después
y dividiéronse en breve,
doce a este lado, a éste nueve,
y cara a cara los tres.
　　Para todos me acomodo.

Félix
　　Pues los doce, nueve y tres
son veinte y cuatro.

Lázaro
　　　　　　　　　¿No ves
que cuento sombras y todo?
　　A no quebrarse la espada,
cabo de año los hiciera.

Félix
　　Pues, ¿cómo la traes entera?

Lázaro
　　Entera está, y fue extremada
historia. Al uno tiré
la daga, y cuando saltó
la espada, hice daga yo
del pedazo que quebré.
　　Riñendo atrevido y ciego,
con saña y rabia cruel,
de un acerado broquel

saltaban chispas de fuego.
Yo, cuando la lumbre vi,
con gran presteza llegué,
y los pedazos soldé;
por eso la traigo así.

Félix   ¿Cómo tiraste la daga
si en la pretina la tienes?

Lázaro   Pues eso es fácil, si vienes
a que a eso te satisfaga.
A quien yo se la tiré
a tirármela volvió
y, viéndola venir yo,
a tan buena hora llegué
que quiso mi buena estrella,
porque todo venga junto,
que, estando la vaina a punto,
volviese a envainarse en ella.
Oí: «¡Justicia!» en los debates
y entréme corriendo acá.

Félix (Aparte.)   (Con la turbación está
diciendo mil disparates.)

Ana   Aquí verás que ésta fue
la pendencia que decía.

Félix   ¿Y yo quien me parecía
a Lázaro?

Ana   No lo sé;
pero un hombre más lucido
vi en ella.

Félix (Aparte.)	(Su señor era.)
Lázaro	Al fin, yo de esta manera a vuestros pies he venido.
Félix (Aparte.)	(Sin duda es el que riñó César y, con brevedad, por no decir la verdad, estas mentiras fingió.) Lázaro, yo voy a ver si está segura la calle.

(Vase.)

Elvira	Ahora puedes hablalle.
Ana	No me puedo detener en decir lo que quisiera; pero ves aquí un papel.
Lázaro	Y ves aquí el trueco de él, trueco que premio no espera.
Ana	Dile que no deje de ir...
Lázaro	Sospecho que me detengo.
Ana	...donde le aviso; que tengo muchas cosas que decir; pero solo te diré que tu pendencia ha servido para un desmayo fingido, y que a propósito fue. Da a entender que tu señor

estuvo en ella, que importa
a mi propósito.

Elvira
                              Acorta
de razones.

(Sale don Félix.)

Félix
                              No hay rumor
alguno en toda la calle;
quieta está.

Lázaro
                              Yo no lo estoy;
que a buscar a César voy,
y no lo estaré hasta hallalle.
        ¡Ay de mí! ¿Si estará herido?

Ana
        Pues, ¿estuvo en la pendencia?

Lázaro
        No tengo tanta licencia;
que me perdones te pido.

(Vase.)

Félix
        ¿Qué más claro ha de decir
que estuvo en ella?

Ana
                              Yo estoy
muy triste.

Félix
                              Pues salte hoy
por el campo a divertir;
        dame este contento.

Ana
                              El mío

(Aparte.)   es tuyo. (Y con tu licencia
será en fingida pendencia
verdadero el desafío.)

(Vanse. Salen Lázaro, don César y don Arias.)

Lázaro   Pasáronme grandes cosas.

César   Déjame abrir el papel;
que, en sabiendo lo que dice,
sabré lo demás después.

Arias   En fin, ¿cómo sucedió?

Lázaro   Pues que vivo vuelvo, bien.

César   Si el papel he de contaros,
oíd lo que dice en él.

(Pónense a leer César y Arias.)

Lázaro (Aparte.)   (¡Que se fíe mi señor
de este parlerón, sin ver
que es quien le dijo a Alejandro
la espada de palo fue!
¡Vive Dios, que éste le vende!
Que quien muere por saber
lo que no le importa es solo
para contarlo después.)

Arias   Bien escribe.

César   ¡Qué bien junta
casto amor con firme fe!

Arias

Yo más del papel alabo
una queja tan cortés.
Hoy, en efecto, os espera
en su quinta.

César

Para el bien
fue cada instante una hora,
un día cada hora fue,
cada día una semana
y cada semana un mes,
cada mes un año entero,
cada año un siglo...

Lázaro

¡Detén!
Y éste siglo de los siglos,
por siempre jamás. Amén.

Arias

¡El príncipe!

César

Ya me pesa
haberle visto.

Arias

¿Por qué?

César

Porque temo que me estorbe
esta ocasión.

Arias

Temes bien.

(Sale Alejandro.)

Alejandro (Aparte.)

(Aquí está César, y yo,
deseoso de saber
en qué ha parado el estorbo

de mi celoso papel,
¿cómo le enviaré de aquí?)

César   Danos a besar tus pies.

Alejandro   ¿Qué se trata ahora?

Arias   Nada.

(Hablan don César y Lázaro aparte.)

César   Si pregunta lo que es,
mira, por Dios, lo que dices,
no haya desmayo otra vez.

Alejandro   César, papeles quedaron
por despachar desde ayer.

Lázaro   ¿No lo dije yo? ¿Mas que hay
otra ocupación?

César   No fue
vano mi temor.

Alejandro   Ahora
puedes mirarlos, y ven
con ellos luego.

César   Eso sí,
luego al instante vendré.
(Aparte.)   (Que pues tú me dejas ir,
en este día he de ver
cómo me puede quitar
la Fortuna tanto bien.)

(Vanse don César y Lázaro.)

Alejandro   Deseando que se fuera
estaba, para saber
qué ha sucedido.

Arias   Señor,
lo que sucedió no sé,
aunque Félix le halló en casa.
Solo sé que dio el papel,
y que le trajo respuesta.

Alejandro   ¿Hasle leído?

Arias   También.

Alejandro   ¿Qué le escribe?

Arias   Que le espera.

Alejandro   ¿Hay fortuna más cruel?
Lo mismo que ha de matarme
es lo que quiero saber.
¿Dónde?

Arias   En su quinta esta tarde.

Alejandro   ¿Ya cómo le estorbaré
esta ocasión, si yo mismo
le di licencia y se fue?
¿Qué haré, don Arias?

Arias   Señor,
dando alguna causa, ve

a su quinta; y como en ella
toda aquesta tarde estés,
no tendrá lugar de hablarle.

Alejandro

Bien dices; pero no es
noble acción, que para mí
quite a ninguno su bien.
Con más sutil invención
el estorbarle ha de ser.

Arias

Félix viene aquí.

Alejandro

Pues vete;
déjame solo con él.

(Vase don Arias. Sale don Félix.)

Don Félix, mucho me huelgo
de que hayas venido.

Félix

¿En qué
te sirvo, señor?

Alejandro

Por mí
hoy una cosa has de hacer.
Sabrás que ha tenido César
un gran disgusto; ya ves
lo que le estimo.

Félix

Señor,
también el disgusto sé.

Alejandro (Aparte.)

(Siempre éste fue lisonjero.
¿Hay cosa como saber

ya lo que no ha sucedido?)
Pues que lo sabes, también
sabrás que no es la persona
muy segura.

Félix   Bien se ve;
pues a un hombre y un criado
embistieron ocho o diez.

Alejandro (Aparte.)   (¿Hay tan notable fingir?
¿Mas que me dice por qué
fue la pendencia y adónde,
de qué manera y con quién?)
Yo he sabido, después de esto,
que ha recibido un papel,
diciéndole que en el campo
—junto a tu quinta ha de ser—
le esperan. Él sale solo,
muy preciado de cortés.
La persona es sospechosa,
y hame dado que temer.
Sabe Dios que yo saliera
a su lado, pero el ver
que verme a su lado a mí
no le está a su opinión bien,
me ha hecho que a ti te elija
para esto.

Félix   ¿Y qué he de hacer?

Alejandro   No más, Félix, que buscarle
y, sin decirle por qué
ni darte por entendido,
andarte todo hoy con él.
Esto te encargo y, en todo,

que no le des a entender
que yo te envío.

Félix   Verás
cómo te sirvo.

Alejandro (Aparte.)   (Y veré
si contra fuerzas de amor
tiene la industria poder.)

(Vanse. Salen don César y Lázaro.)

Lázaro   A mi pendencia acogido,
lindamente me escapé.
Díjome que había servido,
aunque no sé cómo fue,
para un desmayo fingido.
          Mas ella lo dirá hoy.

César   Con lo medroso que estoy,
no me puedo asegurar,
ni pienso que he de llegar,
aunque en tantas alas voy.

(Sale don Félix.)

Lázaro   ¿No es don Félix? ¡Cosa brava!

Félix   Don César, bésoos las manos.

César   Guárdeos Dios.

Lázaro (Aparte.)   (Esto faltaba.)

César (Aparte.)	(No fueron mis miedos vanos.)
Félix	¿Qué os hacéis?
César	Por aquí andaba, sin tener qué hacer. Y vos, ¿dónde vais?
Félix	No sé, por Dios. Y puesto que os he encontrado aquí tan desocupado, vámonos juntos los dos.
Lázaro (Aparte.)	(Pegóse.)
Félix	No hay día que pase mejor que con un amigo, si no hay que hacer.
César (Aparte.)	(¡Que llegase a tal extremo conmigo Amor y no me acabase!) Bien suele pasarse así una tarde; mas yo voy a un negocio por aquí. Adiós.
Félix	Pues tan libre estoy, yo iré también por ahí.
César	Téngome yo de quedar en una casa.
Félix	Pues, ¿yo qué os puedo en ella estorbar?

César	El ser lejos me obligó.
Félix	Poco me puedo cansar. Vamos.
César	No; quedaos con Dios.
Félix	Mas con eso me ofendéis. ¿No iremos juntos los dos? Y al fin, porque no os canséis, no me he de apartar de vos en todo el día.
Lázaro	(¿Es cordel?)
César (Aparte.)	(¿Hay desdicha más cruel?) Pues, ¿qué os mueve a honrarme?
Félix	Digo, César, que soy vuestro amigo...
César	Es así.
Félix	...y amigo fiel; y basta que hayáis sabido que buscándoos he venido para esto solo; y también...
César	Declaraos más.
Félix	No es bien darme por más entendido; basta haberme declarado

en decir que os he buscado
y que, por ser vuestro amigo,
vuelvo a decir, que hoy os sigo,
porque importa, a vuestro lado.
    Yo sé que vos me entendéis;
no os hagáis, César, de nuevas,
pues vos dónde vais sabéis.

César (Aparte.)   (¡Ay cielos, y qué de pruebas
en un desdichado hacéis!)

Félix   Basta, César, que he sabido
que un disgusto habéis tenido.

César   ¿Yo disgusto? ¡Os engañáis,
por Dios!

Félix   Que no me negáis,
César, que habéis recibido
de desafío un papel,
y que a mi quinta aplazado
hoy os llamaron en él.
Hartas señas os he dado
para este enojo cruel.
    Témome de una traición,
porque de quien os espera
no tengo satisfacción;
y hallarme con vos quisiera
por quitarle la ocasión.
    Si al campo habéis de salir,
decid, ¿con quién podréis ir
que os pueda servir mejor?
Pues, importando a mi honor,
sabré dejaros reñir.
    Salgamos juntos los dos;

yo miraré y reñid vos,
procediendo como honrado;
mas, no yendo a vuestro lado,
¡no habéis de salir, por Dios!

César (Aparte.)   (¿Qué más se ha de declarar?
Impórtame asegurar
sus temores y, advertido,
responder también fingido.)

Lázaro (Aparte.)   (Él el papel me vio dar.)

César   Don Félix, que yo he tenido
disgusto verdad ha sido,
que he recibido el papel,
que me llamaban en él,
y al fin cuanto habéis sabido.
     Las mercedes que me hacéis
estimo, como es razón;
mas del contrario que veis,
tengo la satisfacción,
don Félix, que no tenéis.
     Yo sé que solo estaría,
y que me esperaba a mí,
sin tener más compañía;
porque siempre estará así,
si nunca llega la mía.
     Y porque os aseguréis
de ese temor que tenéis
y creáis que se acabó
ese desafío, yo
quiero que no me dejéis.
     Que, haciendo paces, es llano
que así un noble amigo gano;

pues en quien honra profesa
cualquiera disgusto cesa
el día que da la mano.
    Aquesta os ofrezco a vos,
en fe de esto.

Félix   Guárdeos Dios,
que así me satisfacéis.

César   Esperad.

Félix   ¿Qué me queréis?

César   Que hemos de ir juntos los dos.

(Don César habla aparte a Lázaro.)

    Lázaro, disimulado,
ve donde doña Ana espera
y dila lo que ha pasado.

(Vanse don César y don Félix.)

Lázaro   Yo iré; pero no quisiera
hallarle luego a mi lado.
    Nunca he visto hermano tal;
como mala nueva llega,
está en todo como el mal,
como los vicios se pega,
y no es hermano carnal.

Fin de la segunda jornada

Jornada tercera

(Salen don César y Lázaro de noche.)

César   Ya entre sus brazos me pinto.

Lázaro   Yo dibujando me voy
                              en los de mi Elvira.

César   Hoy
                              salgo de este laberinto.

Lázaro   Mas no entremos dentro de él;
                              que es salir difícil cosa.

César   Siempre una industria ingeniosa
                              vence la estrella cruel.
                                 No he visto al príncipe hoy,
                              ni a don Félix he encontrado,
                              a ningún amigo he hablado,
                              y a su misma casa voy.

Lázaro   Así en este mundo pasa
                              que con osada cautela
                              quien más su peligro cela
                              es quien le mete en su casa.
                                 Mil veces un retraído
                              ir honrando el cuerpo veo;
                              que es sagrado para el reo
                              el lado del ofendido.
                                 Mil damas, por ocasión
                              de qué en la calle dirán,
                              meten en casa el galán,
                              y vuelven por su opinión.

César	Yo, de padecer cansado
	las injustas sinrazones
	de perdidas ocasiones,
	este remedio he buscado.
	Nadie me ha visto venir;
	todo el día le he tenido,
	donde sabes, escondido.
	Pues, ¿cómo ha de prevenir
	la Fortuna siempre airada
	hoy industria contra mí?
Lázaro	¿Hablaste a don Arias?
César	Sí.
Lázaro	Pues ves ahí la industria hallada.
	Señor, si darme el papel
	don Félix acaso viera,
	que le tenías supiera,
	mas no lo que dijo en él.
	Si quien se lo fue a decir
	hoy estorbarte desea,
	¿qué importa que no te vea,
	si sabe que has de venir?
	Yo a ningún hombre señalo;
	pero que dirá, colijo,
	cualquiera cosa quien dijo
	lo de la espada de palo.
César	Don Arias es muy discreto,
	muy noble y amigo mío,
	que basta; y así le fío
	éste y cualquiera secreto.
	Sé que le sabrá guardar;

que es el secreto un tesoro.

Lázaro   Pues tesoro que no es oro
                mejor le sabrá gastar.
                Y mira que este conceto
                has de conocer después;
                que el más avariento es
                liberal de su secreto.
                Santo llaman al callar
                su secreto el que es discreto;
                mas, por Dios, que San Secreto
                ya no es fiesta de guardar.
                Día de trabajo aguarde
                a quien tan caro le cuesta,
                y pues quebrantas la fiesta,
                no quieras que otro la guarde.

César   Repartida el alegría,
                el gusto suele doblar;
                pues ¿a quién se ha de fiar
                si a un amigo no se fía?

Lázaro   Que se dobla es argumento
                a mi opinión oportuno;
                pues lo que se dice a uno
                vienen a saberlo ciento.
                Y así que se dobla es cierto;
                mas cuando doblarle ves,
                doblez del amigo es,
                por el secreto que ha muerto.
                Pero mira, que a la puerta
                siento ruido.

César   ¡Advierte agora
                con qué industria la Fortuna

hoy esta ocasión me estorba!
Dentro de su casa estoy.

Lázaro   Es verdad, pero no pongas
la seguridad en eso;
que al fin se canta la gloria.

(Sale Elvira.)

Elvira   ¿Es don César?

César   Sí, yo soy.

Elvira   Mientras sale mi señora,
quiero cerrar esta puerta.

César   Mejor dirás que el aurora
sale, a mi temor confuso
desvaneciendo las sombras.
Bien haya cuanto esperé,
desdichas, llantos, congojas,
si a costa de aquellas penas
Amor estos gustos compra.

(Sale doña Ana.)

Ana   No dudo que habrás culpado
mi atrevimiento.

(Sale Elvira.)

Elvira   Señora,
mi señor está a la puerta.

Ana	¿Qué dices?
César	¿Qué poco importa contra la estrella la industria?
Lázaro	¿Qué hemos de hacer?
Ana	Que te escondas será fuerza.
César	¿Dónde puedo?
Ana	Ésta es una cuadra sola donde él entra pocas veces.
César	Esconderéme, aunque ponga a mayor riesgo mi vida; que el verme es acción forzosa; porque amor es fuego, y es imposible que se esconda.

(Vanse don César y Lázaro. Sale don Félix.)

Félix	Hermana, ¿en qué te entretienes?
Ana	Aquí me divierto ociosa, corriendo en libres discursos imaginaciones locas. Pero, ¿qué novedad es venir, señor, a estas horas?
Félix	A estas horas me ha traído un negocio que me importa, y basta que esto te diga. Elvira, haz que al punto pongan

la carroza y dala el manto
a doña Ana.

Ana   ¿Ahora carroza?
                        ¿Dónde pretendes llevarme?

Félix   ¡Qué sin causa te alborotas!
                        Hay un festín en palacio;
                        mandóme Nísida hermosa
                        convidarte de su parte;
                        tanto su Alteza te honra.

Ana (Aparte.)   (¡Ay cielos! Sin duda, él sabe
                        esta ocasión, y la estorba
                        cuerdamente, pues cifradas
                        dice sus sospechas todas.
                        ¡Ay Amor! Todas tus penas
                        se hicieron para mí sola,
                        pues yo siento lo que pierdo,
                        y otras sienten lo que gozan.)

(Vanse doña Ana, don Félix y Elvira. Salen don César y Lázaro.)

Lázaro   Ya se fueron. ¿Qué suspiras?
                        Pues, ¿no te basta y te sobra
                        estar dentro de su casa?
                        «Hoy», señor, si bien lo notas,
                        «sales de este laberinto».
                        Mas, ¿qué bien con sospechosas
                        razones te dio a entender
                        tu peligro y su deshonra!
                        Con casamiento te advierte,
                        y asegurarle te importa.

(Sale Elvira.)

Elvira
Ahora puedes salir;
que ya se fueron.

Lázaro
Acorta
de cuidados, y salgamos
de esta borrasca espantosa.

César
¡Para mí solo se hicieron,
Amor, tus desdichas todas;
que yo siento lo que pierdo,
y otros sienten lo que gozan!

(Vase.)

Lázaro
Y, ¿cómo estamos de cuenta?

Elvira
A mí nadie me la toma.

Lázaro (Aparte.)
(¿Qué va que en ella la alcanzo,
si hago la prueba, aunque corra?
No perdamos la ocasión.)
¡Elvirilla!

Elvira
Si soy sombra,
¿no ves que me voy?

Lázaro
¿Por qué?

Elvira
Porque se fue mi señora.

(Vase.)

Lázaro
Yo quedaré cual tahur

que, viendo su suerte, toma
aliento para contar
pintas —que mil fueran pocas—
y luego por una carta,
que estaba encubierta sola,
sobre su suerte, admirado
la de su contrario topa.
Y el cinco que le estorbaba,
sirviendo de encaje ahora,
espuela de su carrera,
hace que las pintas corran.
Así a mí espadas y bastos
me turban, gústanme copas;
y porque no salgo de oros,
no tengo suerte con sotas.

(Vase. Salen Alejandro y don Arias.)

Arias   Bien la noche ha estado.
¿No alegró tu tristeza
tanta gala y belleza,
que junta has admirado?

Alejandro   Antes con su alegría
doblé, don Arias, la tristeza mía.
Si a doña Ana miraba
las acciones que hacía,
en su rostro leía
que a César adoraba;
y dije: «¿Quién vio, cielos,
sin culpa agravio y sin agravio celos?».
Disculpaba otras veces
a César, porque, llena
el alma de su pena,

hizo a los ojos jueces,
y aunque él la merecía,
no trocara su pena por la mía.

Arias   ¿En qué ha de parar esto?

Alejandro   Don Arias, en mi muerte;
que en peligro tan fuerte
tu secreto me ha puesto.

Arias   Yo erré; mas no te espante
que, lo que erré una vez, lleve adelante.
   Allí don César viene;

Alejandro   De este cancel cubierto,
hoy de su boca advierto
el ánimo que tiene,
si tú se lo preguntas.

(Retírase Alejandro. Sale don César.)

César (Aparte.)   (¿Quién en el mundo vio más penas juntas?)

Arias   ¿Qué hay, don César?

César   Desdichas
siempre de agravios llenas;
que solo para penas
se inventaron mis dichas.
Entré, y en breve espacio,
llegó su hermano y trájola a palacio.
   Dio a entender que sabía
todo lo que pasaba,
y que escondido estaba.
Al fin su cortesía

de suerte me ha obligado
que a pedírsela estoy determinado.
   Con esta recompensa
le aseguro más sabio,
hago gusto el agravio,
obligación la ofensa
y, a casarme dispuesto,
el príncipe también se holgará de esto.

(Vase. Sale Alejandro.)

Arias   Señor, ¿hasle escuchado?

Alejandro   Como a Félix la pida,
no habrá razón que impida
dársela, y obligado,
si a mí me la pidiera,
presumo que, a ser mía, se la diera.

(Sale don Félix.)

Alejandro   Don Félix, obligado
estoy de vos, y quiero,
por galardón primero,
quitaros un cuidado,
y no el menor que puedo.
(Aparte.)   (Así aseguro a esta ocasión el miedo.)
   [U]n deudo mío en doña Ana
su pensamiento ha puesto
y, por hablaros presto,
yo tengo a vuestra hermana
casada de mi mano.

Félix   Dame tus pies por el honor que gano.

Alejandro
Por cartas he sabido
su altivo pensamiento,
y con mayor contento
le tengo respondido,
que yo lo trataría;
basta decir que tiene sangre mía.
    Y desde aquí os prometo
tomarla yo a mi cargo;
solamente os encargo,
don Félix, el secreto;
y, pues queda tratado,
no dispongáis de darla nuevo estado.

Félix
Guarde tu vida el cielo,
para que el mundo vea
honrar a quien desea
servirte; hoy en el suelo
pondré humilde la boca.

Alejandro (Aparte.)   (¡Ay necio fin de una esperanza loca!)

(Vase.)

Félix
Diréla esta ventura
del nuevo casamiento;
y si mi pensamiento
anima su hermosura
y mi imposible allana,
buenas albricias llevaré a mi hermana.

(Vase. Salen doña Ana y Elvira.)

Elvira   ¿Qué sientes?

Ana

        Que ya estoy muerta,
aunque, para consolarme,
la muerte quiere matarme,
y parece que no acierta.
Mal mis desdichas concierta.
Díjome Félix que amaba
a Nísida, y que aspiraba,
Elvira, a casar con ella,
y que yo a Nísida bella
dijese que la adoraba.
    Si él de veras la quisiera,
a pesar de sus enojos,
con el alma y con los ojos
su sentimiento dijera;
no esperara que yo fuera;
pero más desentendida,
con respuesta agradecida,
quizá le despertaré
una verdadera fe
de una voluntad fingida.

(Sale don Félix.)

Félix

    Si hace Amor que una alegría
dos pechos distintos mueva,
¡plegue a Dios que sea tu nueva,
hermana, como la mía!
En albricias te traía
lo que ya decirte quiero,
porque así obligarte espero;
que no fuera trato justo
que negaras tú mi gusto,
sabiendo el tuyo primero.
    Hermana, casada estás;

102

deseoso de tu bien,
por mujer te pide quien
te estima y te quiere más.
Mira qué albricias me das
de tu estado y de tu aumento.
Vuélveme a dar tu contento.

(Hablan aparte doña Ana y Elvira.)

Ana

Elvira, sin duda ha sido
César el que me ha pedido.
¡Qué dichoso casamiento!

(Vase Elvira.)

Que he de obedecerte es llano;
y así no dudes que aquí
puedes disponer de mí
como padre y como hermano.
Si tanto en servirte gano,
oye lo que me pasó.
A Nísida dije yo
los suspiros que te cuesta,
y fue la mejor respuesta...

Félix

¿Qué?

Ana

...que no me respondió.
Si a quien se llega a decir
tu pasión la voz esconde,
es señal, pues no responde,
que le queda más que oír.
Vuelve de nuevo a sentir;
Tarde o nunca se libró
mujer que una vez oyó.

Prosigue, Félix; que bien
responde callando quien
oyendo no respondió.

Félix   ¿Qué dicha a mi dicha iguala?
Mas término injusto fuera
que, con tan buena tercera,
esperara nueva mala.

(Sale Elvira.)

Elvira   Don César está en la sala;
dice que te quiere hablar.

Félix   Tú te puedes retirar.

Ana (Aparte.)   (Pues viene tan descubierto,
sin duda mi bien es cierto.
Desde aquí quiero escuchar.)

(Retíranse doña Ana y Elvira.)

Félix   Don César, mucho agraviáis
esta casa, pues en ella,
sabiendo vos que lo es,
no entráis como en propia vuestra.

Ana (Aparte.)   (Ya como hermanos se tratan.)

César   Yo me detuve a la puerta
por esperar, como es justo,
que me diérades licencia.
Don Félix, bien conocéis
de mis padres la nobleza,

de mi vida las costumbres
y cantidad de mi hacienda.
El criado que más quiere
el príncipe soy; bien muestra
en mí su poder, pues hace
mucho de nada su Alteza.
En su casa me ha criado,
haciendo desde edad tierna
confianza en mi persona,
como en mi ingenio experiencia.
No volví el rostro a las armas,
por inclinarme a las letras;
que valor y estudio vieron
la campaña y las escuelas.
Al fin, para no cansaros,
soy vuestro amigo, y quisiera
asegurar la amistad.

Ana (Aparte.)   (Aquí sin duda conciertan
lo que ya tienen tratado;
quiero escuchar atenta.)

César   Mi intención y mi deseo,
bien que atrevimiento sea,
más claro que las razones,
os habrán dicho las muestras;
que, informándoos tan despacio,
haber discurrido es fuerza
el fin, pues en vuestra casa
no tenéis más que una prenda.
Confieso que, a ser del mundo
señor, aun no mereciera
mirarla; soberbia ha sido,
mas disculpada soberbia.
Perdonad; y si os obligan

mi calidad y mis prendas,
servíos con mis deseos,
y honradadme con su belleza.
¿Qué pensáis? ¿Qué os suspendéis?

Ana (Aparte.)

(Parece que ahora empiezan
lo que ya tienen tratado.)

Félix

Saben los cielos, don César,
lo que estimo y agradezco
vuestro deseo, y quisiera
que de secretos del alma
dieran las razones muestra.
A ningún hombre del mundo
con más gusto la ofreciera
que a vos, porque sois mi amigo;
mas no hay razón donde hay fuerza.
No os puedo dar a mi hermana
y no ha un hora que pudiera,
que eso habrá que está casada.
Tarde habéis venido, César.

Ana (Aparte.)

(¡Cielos! ¿Qué es esto que escucho?)

César

Si pensáis de esa manera
castigar no haberos dicho
antes de ahora mis penas,
yo quedo bien castigado;
bastan, don Félix, las pruebas,
pues que nunca llega tarde
conocimiento que llega.
A tiempo estáis de enmendar
esas pasadas ofensas;
y pues no habéis ignorado

que os está bien que esto sea,
no desechéis la ocasión.

Félix 　　　　　　　　Ni ignoro vuestra nobleza,
ni que a mí me está muy bien
honrar mi casa con ella;
pero solamente ignoro
en qué razón os ofenda
para enmendarlo. ¡Por Dios,
que está casada! Quisiera
poder deciros con quién.
Y aquí ahora, por más señas,
a mi hermana la decía
de su casamiento, y ella,
por ser mi gusto, lo oyó
muy alegre y muy contenta.

Ana (Aparte.) 　　　　　(¿Qué es esto, cielos? Elvira,
esto me importa, aunque sea
atrevimiento terrible.
Hoy tengo de hablar a César.)

César (Aparte.) 　　　　(¿Doña Ana alegre y casada,
y yo con vida? ¡Paciencia,
pues si no pierdo la vida
es porque a doña Ana pierda!)
Don Félix, bien os vengáis
de mis deseos, pues eran
aspirar a tanta gloria,
y al fin me dejáis sin ella.
Pues fue tan corta mi suerte
que no pude merecerla,
y mi señora doña Ana
está casada y contenta,
el nuevo dueño la goce

tantos años que no tenga
memoria de ellos la muerte.

Elvira (Aparte.)   (Mas, ¿qué presto se consuelan
                          los hombres en sus desdichas!)

(Hablan aparte doña Ana y Elvira.)

Ana   ¡Ay, Elvira, quién pudiera
                          hablar a César!

Elvira   Aguarda;
                          veamos si mi industria llega
                          a lograrlo de esta suerte.

(Sale Elvira.)

Elvira   Un hombre espera a la puerta,
                          diciendo que quiere hablarte.

Félix   Perdonadme, y dad licencia
                          de ver quién es; que ya vuelvo
                          al instante.

César   Id norabuena.

(Vase don Félix.)

                          ¿Hasta cuándo, hados impíos,
                          habéis de afligirme?

(Sale doña Ana.)

Ana   César,

108

¿qué es esto?

César   Desdichas mías,
que con tirana violencia
el alma oprimen.

Ana   Escucha;
que nunca mi fe pudiera
negar lo mucho que estimo.

(Al paño habla don Félix saliendo; y doña Ana se retira apriesa.)

Félix   No vi a nadie.

Elvira   Ya dio vuelta.

Ana (Aparte.)   (¡Infeliz de quien la falta
tiempo aun de hablar en sus penas!)

(Vase.)

Félix   Hasta la calle salí.

Elvira   Yo te aseguro que vuelva,
si te ha menester.

(Vase.)

César   Don Félix,
encareceros quisiera
lo agradecido que estoy
a mi desdicha, pues ella
me ha dado aquí un desengaño
tan grande, que no pudiera
con otro satisfacerme.

109

Casada doña Ana bella
está, que ya no lo dudo;
ruego a los cielos que sea
con el gusto que deseo
para mí.

Félix   Mirad, don César,
que soy muy amigo vuestro,
y que por eso no cesa
mi amistad.

César   No, pues la mía
en el mismo estado queda.

(Vanse. Sale Alejandro.)

Alejandro   Cuando de mi confuso pensamiento,
necio Amor, locos casos imagino,
menos me atrevo y más me determino,
que sobra amor y falta atrevimiento.
   Desconocido a mi valor, intento
a un agravio remedio peregrino;
y, animándole, apenas adivino
verdugo de mi infamia el sentimiento.
   Olvido ingrato, agradecido adoro,
aborrezco cobarde, amo atrevido,
llamo y me huyo, quiero y no deseo;
   canto mis penas, y mis glorias lloro.
¿Qué mucho viva o muera arrepentido,
si he de perder la vida o el deseo?

(Sale Lázaro.)

Lázaro   Mandóme don César que

buscase a don Félix; por-
que quiere hablarle, y aunque
me ha costado mucho tor-
mento, a don Félix no hallé,
   ni ahora a mi señor tampoco
hallo en toda la ciudad.
Ellos me han de volver loco;
mas si va a decir verdad,
ellos tiene que hacer poco.
   Mas aquí el príncipe está.

Alejandro   ¡Lázaro!

Lázaro   Buen caballero
te faltó.

Alejandro   ¿Cómo va?

Lázaro   Ya
puedes ver.

Alejandro   ¿Qué hay?

Lázaro   No hay dinero;
y así, no sé cómo va.
   Remendaba con estilo
sus calzones un mancebo.
Yo, que le acechaba, vilo,
y pregunté: «¿Qué hay de nuevo?».
Y él respondió: «Solo el hilo».
   Yo a decirle no me atrevo,
porque aun el hilo no es nuevo;
pero, mirándome así,
un famoso arbitrio di.

Alejandro	Si fue tuyo, ya le apruebo.
Lázaro	¿Puesto en uso no se ve traer calzones de bayeta? Pues yo fui quien lo inventé, que soy Adán de esta seta.
Alejandro	¿Y de qué manera fue?
Lázaro	Si el saberlo te desvela, yo unos calzones tenía muy rotos, y con cautela, faltóme la tela un día, y púseme la entretela. Agradó el gusto, y no lejos del mío, muchos después admitieron mis consejos; así que cuanto hoy ves todos son calzones viejos.
Alejandro	¡Quién, para poderte oír, no tuviera que sentir!

(Vase.)

Lázaro	Ríe el pobre, el rico llora, y así en este mundo ahora todo es llorar y reír.

(Sale don César.)

César	A que el príncipe se fuera, Lázaro, esperando estuve, para hacer entre los dos

glorias y penas comunes.
Don Félix casa a doña Ana,
y no conmigo, ni pude
saber con quién. En efecto
mi bien de mi mal se arguye;
que esta noche, cuando el Sol
en pavimentos azules
haga el tálamo de Tetis
sepulcro undoso a sus luces,
la he de sacar de su casa.

Lázaro   Pues por todas estas cruces,
que no ha de saberlo Arias.
¿Posible es que no rehuses
el descubrir tu secreto?
De esta ocasión se concluyen
tu bien o tu mal.

César   Es cierto.

Lázaro   Pues cuando decirlo excuses,
¿qué pierdes? Cuando lo digas,
¿qué ganas?

César   Porque no culpes
que no estimo tu consejo,
y porque del todo apure
amor mi desdicha, hoy quiero
callar mi secreto.

Lázaro   Hoy suben
al cielo tus esperanzas,
para que de todas triunfes.
Habla a todos, está alegre,
e iremos, cuando las nubes

por la muerte de las flores
se vistan negros capuces.

(Sale don Arias.)

Arias   ¡Don César!

(A don César, al oído.)

Lázaro   No hay nada nuevo,
porque no nos lo pregunte.

Arias   ¿Qué tenéis?

Lázaro   Aunque está triste,
no es pendencia, no te juntes;
que no ha menester tu lado.

Arias   ¿Qué ha sucedido?

César   Que tuve
cultivada una esperanza
que, a tiempo de darme dulce
fruto, se secó en su flor,
siendo mi estrella el octubre.
Don Félix casa a doña Ana,
que así su quietud presume;
pedísela por mujer,
respondióme que propuse
tarde mi intento, y que está
casada y contenta. ¿Sufren
los celos mayores penas?

Lázaro   Ya basta, señor. Excuse

vuesa merced el hablarle,
porque le dan pesadumbre
unos vaguidos muy grandes
que a la cabeza le suben.

Arias   ¿En qué puedo yo serviros?

Lázaro (Aparte.)   (En callar.)

Arias   ¡Por Dios, que encubre
mi pecho harto sentimiento!

(Vase.)

Lázaro (Aparte.)   (Porque cesan tus embustes.)

César   Amor, si acaso te mueven,
por dios, tantas inquietudes,
ya es tiempo que con un bien
mil sentimientos disculpes.
Ya basta lo que he sufrido.
No es mucho que disimules
mis cortos merecimientos,
por la gloria a que me opuse.
Ya no ha de ser el perderla
lo que más mis dichas turbe,
mas ver que otro esté gozando
lo que yo esperando estuve.

(Salen Alejandro y don Arias, hablando entre sí.)

Alejandro   ¿Eso ha pasado?

Arias   Aquí estaba.

Alejandro	Pues porque no se asegure que, cuando tuvo ocasiones solo, ocupado le tuve, y no advierta la malicia, esta noche es bien le ocupe, porque no tiene que hacer, y un día a otro se disculpen. ¡César!
César	¿Señor?
Alejandro	Hasta el día he de escribir, porque es lunes, y he de despachar a Roma y Nápoles.
César (Aparte.)	Yo voy. (Huyen de mis manos las venturas. Lunes fue, para que impugnen los días como las horas.)

(Don César habla aparte a Lázaro.)

	¿«Mis dichas», Lázaro, «suben al cielo mis esperanzas»?
Lázaro	¿Yo, señor, qué culpe tuve?
César	Tú me dijiste que aquí estuviese.
Lázaro	No me culpes.
César	¿Quién te mete en dar consejos?

Lázaro	Mi desdicha.

César

> ¡Que me ayude
> tan poco el tiempo que sean
> martes para mí los lunes!
> Aquí está todo aderezo.
> ¡Plegue al cielo no me turbe,
> que tengo el alma en doña Ana
> llena de mil pesadumbres!

(Sacan un bufete con escribanía, vanse don Arias y Lázaro, y escribe don César.)

Alejandro (Aparte.)

> Despejad. (Hoy de los celos
> hacer experiencia pude,
> y en perdidas esperanzas
> veré los toques que sufren.)
> Decid: «Yo estoy...».

César (Aparte.)

> Estoy... (muerto de celos...)

Alejandro

> «...tratando con secreto...»

César

> «con secreto...»
> (¡Aun no pude gozar la ocasión, cielos!)

Alejandro

> «...el casamiento...»

César (Aparte.)

> El casamiento... (efeto
> no ha de tener.)

Alejandro

> «Al fin vuestros desvelos
> le tendrán.»

César (Aparte.)	Le tendrán... (mas no los míos; que vientos pueblo, cuando aumento ríos.)
Alejandro	«Lo que yo os aseguro...»
César (Aparte.)	Os aseguro... (...es mi muerte.)
Alejandro	«...que vuestro honor procuro.»
César (Aparte.)	Procuro... (divertirme, mas no puedo.)
Alejandro	«Por ser doña Ana...»
César (Aparte.)	(Aquí rendido quedo.) Doña Ana...
Alejandro	«Castelví por su nobleza y ángel por sus virtudes y belleza.»
César	¿Dónde tu alteza aquesta carta envía?
Alejandro	A Flandes.
César	Para Flandes no es hoy día, y así podrá dejarse hasta mañana.
Alejandro (Aparte.)	(Perdió el color al nombre de doña Ana.) No importa que hoy no sea; escrita se estará.
César	(¿Quién hay que crea tan tirano rigor, pena tan fiera?)

| Alejandro | Proseguid, repitiendo la postrera razón. |

| César | «Rendido quedo.» |

| Alejandro | Pues, ¿yo he dicho tal razón? Dad acá. |

| César | Lo dicho he dicho. |

(Toma Alejandro la carta y lee.)

Alejandro   «Yo estoy muerto de celos, tratando con
secreto, aun no pude gozar la ocasión;
el casamiento efeto no ha de tener;
al fin vuestros desvelos le tendrán, no
los míos; lo que yo os aseguro es mi
muerte; que vuestro honor procuro, por
ser doña Ana... Aquí rendido quedo.»

¿Yo os he dicho que escribáis
de esta suerte?

César   ·   Si han podido
obligarte en algún tiempo,
Alejandro, mis servicios,
ahora le tienes de honrarme;
que no es de tu pecho digno
blasón que, por el ajeno
honor, me quites el mío.
Casado estoy con doña Ana;
casado no, pero digo
que a este fin habrá dos años
que la quise y que me quiso.
No diré las ocasiones

que por tu causa he perdido,
anteponiendo leal
a mi gusto tu servicio.
Mas solo diré que hoy,
sabiendo que el cielo impío
su casamiento ordenaba,
trató casarse conmigo.
Pensando que me estorbaba,
negué el secreto a un amigo,
pero viendo que no tiene
en mí el secreto peligro,
solo a algún planeta doy,
solo atribuyo a algún signo
el querer con mala estrella,
pues ellas la causa han sido.
Pero si suelen vencerse
con reservados arbitrios,
para que en mi estrella juzgues,
hoy el cielo te previno.

Alejandro   Si en perdidas ocasiones,
don César, has conocido
que fue culpa de tu estrella,
no condenes al amigo;
supuesto que no bastó
hoy para haberla perdido
haber callado el secreto;
que sucediera lo mismo
cuando siempre le guardaras;
pero yo estoy ofendido
de que tratases casarte
sin saber el gusto mío.
Dame la pluma; que yo
quiero escribir, que ya he visto

lo poco de que me sirves.

César   De poco, señor, te sirvo,
pero ninguno...

Alejandro   Ya basta.

(Escribe.)

César (Aparte.)   (Si de la Fortuna ha sido
este juego, en solo un lance
al rey y dama he perdido.
¿Hay más tormento en el mundo?
¿Hay más pena en el abismo?
No, pues no la tengo yo.)

Alejandro   Cerrad el papel que he escrito,
y llevádsele a don Félix,
que haga lo que en él le digo.

César   ¿Hoy he de llevarle?

Alejandro   Sí.

César   Que no hay correo imagino.

Alejandro   Llevadle vos a su casa;
que con un propio le envío.

César (Aparte.)   (Perdida he visto una dama,
y un señor airado he visto,
y no sé para otra vez
cuál de los dos he temido.)

(Vase. Salen don Félix y don Arias.)

Arias

Ya ha acabado de escribir.

Alejandro

Don Félix, nuevas ha habido
de que hoy entra en Parma el novio,
y aun en vuestra casa han dicho.

Félix

Beso mil veces tus pies,
y por doña Ana te pido
las manos. Yo voy a darla,
con tu licencia, el aviso,
para que esté prevenida.

(Vase.)

Alejandro

¡Don Arias!

Arias

¿En qué te sirvo?

Alejandro

Tú has de jurar en la cruz
de aquesta espada que ciño
que jamás ha de saber
doña Ana que la he querido,
ni César que le he estorbado.

Arias

Así juro de cumplirlo
en la cruz de aquesta espada.
Y yo ahora te suplico
que no le digas a César
que soy el que te lo dijo.

Alejandro

Yo lo prometo; partamos
a ser de su bien testigos,
que hoy a Alejandro, en grandeza

como en el nombre, le imito.

(Vanse. Salen don Félix, doña Ana y Elvira.)

Ana   Esto es verdad.

Félix   ¡Qué bien pagas,
                           hermana, el cuidado mío!
                           ¿Promesa de religión?

Ana   No lo dije a los principios,
                           por pensar que no llegara
                           a efecto; mas ya que he visto
                           que le tiene, que no puedo
                           casarme, hermano, te digo.

Félix   ¿Qué diré al príncipe yo?

Ana (Aparte.)   (¡Que no haya César venido!
                           Mas ya viene; bien podré
                           irme con él.)

(Salen don César y Lázaro.)

César (Aparte.)   (Mi mal sigo,
                           pues del rigor que padezco
                           soy instrumento yo mismo.)

Lázaro   (¡Mas que para en casamiento!)

César   Don Félix, no haber pedido
                           licencia es haberla dado
                           este papel que hoy ha escrito
                           el príncipe para vos.

Félix	Y yo el cuidado os estimo.
César (Aparte.)	(¡Ay perdida gloria mía!)
Ana (Aparte.)	((Ay querido dueño mío!)
(Lee para sí.)	
Félix	«Porque, prevenida la gloria, hace menor el gusto, no os he dicho antes de ahora que la persona que os tengo propuesta es don César. En él concurren todas las calidades que podéis imaginar. Dadle a vuestra hermana, que él solo la merece, si deja merecerse tanta ventura.»

César, el príncipe escribe
que para quien ha pedido
mi hermana sois vos.

Ana	¡Ay cielos!
César	¿Qué decís?
Félix	Que ya suspiro con otra causa, pues nunca hubo contento cumplido. Que para que no os merezca, doña Ana ahora me dijo que no se puede casar por una promesa que hizo.
Ana	Es verdad que yo lo dije.

César (Aparte.)   (¡Cielos! ¿Qué es esto que miro?
                         ¿Doña Ana finge promesas
                         por no casarse conmigo?)

Félix   Leed, don César, el papel.

(Salen Alejandro, Nísida, y don Arias.)

Alejandro   No le leáis; que si escribo
                         ausente, presente estoy,
                         y afirmaré lo que firmo.

Félix   En buena ocasión me has puesto.
                         Danos tus pies.

Nísida   Yo he venido
                         con mi hermano por tener
                         parte en vuestros regocijos.

Alejandro   Don César, de esta manera
                         enseño a premiar servicios.
                         Dadle a doña Ana la mano;
                         que yo vengo a ser padrino.

(Hablan aparte don Félix y doña Ana.)

Félix   ¿Qué he de decir?

Ana   No te aflijas;
                         que en tal fuerza es permitido
                         conmutarse en otra cosa
                         la promesa.

César   Si rendido

a tus pies...

Ana

Alza del suelo;
que mi promesa he cumplido;
pues prometí no casarme,
no siendo, César, contigo.

Lázaro

Ya, señor, casado estás.
¡Gracias a Dios que salimos
de esta empresa con victoria!
Mas, ¡por Dios! que no te envidio.

Alejandro

Yo he de partir luego a Flandes
a servir al gran Filipo
segundo, donde Mastrique
venga a ser el blasón mío;
y por dejar en mi estado
gobierno, a Félix elijo,
que a Nísida dé la mano.

Félix

Mil veces los pies te pido
por las honras que me ofreces.

Nísida

Tu gusto fue mi albedrío.

Lázaro

¡Elvira!

Elvira

¿Qué?

Lázaro

Yo me voy;
que, si me tardo un poquito,
según que vienen casando,
te habrás de casar conmigo.

Arias

        Nadie fíe su secreto
del más cuerdo y más amigo;
que en la más sana intención
está un secreto a peligro,
y no se queje de agravio
quien no calla el suyo mismo.

César

        Y aquí da fin la comedia,
por quien el perdón os pido.

Fin de la comedia

Libros a la carta

A la carta es un servicio especializado para
empresas,
librerías,
bibliotecas,
editoriales
y centros de enseñanza;
y permite confeccionar libros que, por su formato y concepción, sirven a los propósitos más específicos de estas instituciones.

Las empresas nos encargan ediciones personalizadas para marketing editorial o para regalos institucionales. Y los interesados solicitan, a título personal, ediciones antiguas, o no disponibles en el mercado; y las acompañan con notas y comentarios críticos.

Las ediciones tienen como apoyo un libro de estilo con todo tipo de referencias sobre los criterios de tratamiento tipográfico aplicados a nuestros libros que puede ser consultado en Linkgua-ediciones.com.

Linkgua edita por encargo diferentes versiones de una misma obra con distintos tratamientos ortotipográficos (actualizaciones de carácter divulgativo de un clásico, o versiones estrictamente fieles a la edición original de referencia).

Este servicio de ediciones a la carta le permitirá, si usted se dedica a la enseñanza, tener una forma de hacer pública su interpretación de un texto y, sobre una versión digitalizada «base», usted podrá introducir interpretaciones del texto fuente. Es un tópico que los profesores denuncien en clase los desmanes de una edición, o vayan comentando errores de interpretación de un texto y esta es una solución útil a esa necesidad del mundo académico.

Asimismo publicamos de manera sistemática, en un mismo catálogo, tesis doctorales y actas de congresos académicos, que son distribuidas a través de nuestra Web.

El servicio de «libros a la carta» funciona de dos formas.

1. Tenemos un fondo de libros digitalizados que usted puede personalizar en tiradas de al menos cinco ejemplares. Estas personalizaciones pueden ser de todo tipo: añadir notas de clase para uso de un grupo de estudiantes,

introducir logos corporativos para uso con fines de marketing empresarial, etc. etc.

2. Buscamos libros descatalogados de otras editoriales y los reeditamos en tiradas cortas a petición de un cliente.

www.ingramcontent.com/pod-product-compliance
Lightning Source LLC
LaVergne TN
LVHW041258080426
835510LV00009B/780